AF399339

Frank Matthus

DREI STÜCKE

Ellernklipp
Effi in der Unterwelt
Prinz Heinrich inszeniert eine Oper

Netzeband – Neuruppin – Rheinsberg

Mit einem Vorwort von Knut Elstermann

Regenbrecht Verlag

Bibliografische Information der Deutschen Bibliothek
Die Deutsche Bibliothek verzeichnet diese Publikation in der
Deutschen Nationalbibliografie; detaillierte bibliografische Daten
sind im Internet über http://dnb.ddb.de abrufbar.

© Regenbrecht Verlag, Berlin 2020
Alle Rechte vorbehalten
www.regenbrecht-verlag.de
ISBN: 9783948741020

Umschlagfoto, Umschlaggestaltung und das Foto auf S. 259:
Uwe Hauth, www.uwehauth.com

Herstellung: BoD – Books on Demand, Norderstedt

Der pragmatische Poet: die Theatertexte von Frank Matthus

Knut Elstermann

Frank Matthus ist ein praktischer Theatermann, dem alles zur Bühne werden kann, der Gutspark Netzeband, der Schlosshof Rheinsberg, die Altstadt von Neuruppin. Seine Texte sind passgenau auf die Orte zugeschrieben, an denen sie aufgeführt werden, so wie manche Autoren ihre Werke bewunderten Schauspielern auf den Leib schreiben.

In der Erinnerung eines großen Publikums sind Matthus' Stücke durch saisonale, spektakuläre Aufführungen mit ihren Spielorten vollkommen verschmolzen. Nun endlich können sie hier in gedruckter Form – jenseits der erfolgreichen Inszenierungen bei den Fontane-Festspielen in Neuruppin, beim Kammeroper-Festival in Rheinsberg und dem Theatersommer in Netzeband – ihr Eigenleben erweisen. Vielleicht wird erst außerhalb der aufsehenerregenden Präsentationen im Amphitheater oder in nächtlichen Gartenlandschaften deutlich, wie kunstvoll diese Texte gearbeitet sind, wie klug Matthus mit den tradierten Motiven, mit der adaptierten Literatur, mit dem historischen Personal spielt. Er beschwört kenntnisreich den Geist des jeweiligen Ortes, mit einem genauen, tiefen Blick für die Schichtungen von Geschichte, die sich hier überlagern, mit einer Unbefangenheit, durch die sein ganz gegenwärtiges Spiel mit dem überlieferten Material überhaupt erst möglich wird.

Frank Matthus wurde am 14. Februar 1964 in Berlin geboren. Er wuchs in dieser Stadt auf, erlernte hier von 1984 bis 1988 an der Schauspielschule »Ernst Busch« gründlich das Handwerk und war zwei Jahre am Berliner Ensemble engagiert. In der Meisterklasse dieses Theaters studierte er

Regie. Matthus, der schon früh Rollen im Film und Fernsehen übernahm, war nach der Wende fest in Brandenburg und Gera engagiert, inszenierte inzwischen etwa 80 Opern und Theaterstücke in ganz Deutschland, in Kanada und in der Schweiz. Seit 2001 ist er freier Regisseur und schreibt – anfangs unter dem Pseudonym Anton Perrey – auch selbst Theatertexte.

Seinem Großvater Franz Matthus verdankt Frank Matthus den Sehnsuchtsort seiner Kindheit, die Gegend um Neuruppin, wo die Großeltern auf einem Bauernhof in Läsikow im Ruppiner Land lebten. Sie waren nach der Flucht aus Ostpreußen mit ihrem Sohn Siegfried als Neubauern in diese wunderbare Landschaft gekommen. »Paradiesisch« nennt der Enkel Frank heute die Zeit, die er dort als Kind verbringen konnte. Seine drei in diesem Band vereinten Stücke sind auf unterschiedliche Weise mit dieser Region verbunden.

Als nach der Wende rund um märkische Schlösser, Gutshäuser und Kirchen neue Kulturvereine entstanden, sprach das Ehepaar Johanna und Horst Wagenfeld den Regisseur an, ob er sich ein eigenes Theaterfestival in Netzeband, einem Ortsteil von Temnitzquell im Brandenburger Landkreis Ostprignitz-Ruppin vorstellen könne. Matthus verliebte sich sofort in den malerischen Ort mit seiner markanten Schinkelkirche, gründete mit Jürgen Heidenreich 1996 den Theatersommer in Netzeband, das seit 2001 zu seinem Lebensmittelpunkt wurde und wo der Vater von vier Kindern mit seiner Familie lebt. Dort findet er die wichtigsten Inspirationen für seine Stücke und dort entstand auch das sogenannte Synchrontheater, das zum Markenzeichen des Festivals wurde. Open Air entfaltet es eine starke Wirkung, gerade auch aus größeren Entfernungen: Die Dialoge werden als ausgefeilter Soundtrack aufgenommen und während der Aufführungen eingespielt, während die Darsteller mit Masken agieren. Für das Synchrontheater – die Inszenierung von Dylan Thomas' »Unter dem Milchwald« hat inzwischen Kultstatus – schrieb Matthus viele Stücke, darunter die dreiteilige Nibelungen-Saga von 2008 bis 2010. Im Fontane-Jahr 2019 kam »Ellernklipp« hinzu, die packende Dramatisierung einer heute kaum noch bekannten Kriminalnovelle des in Neuruppin geborenen Autors. Der bekennende Fontane-Fan Frank Matthus hat alle Werke des Schriftstellers gelesen, »Ellernklipp« blieb dabei schon vor 20 Jahren bei ihm hängen, wegen der mystischen Dimension und der erotischen Aufladung des Textes, wie er sich erinnert. Im Mittelpunkt steht wie so oft bei Fontane eine starke Frauenfigur, hier ist es das junge, unbändige Mädchen Hilde, das wir in der Zeit kurz nach dem Siebenjährigen Krieg kennenlernen. Matthus übernimmt die Aufteilung der düsteren Geschichte von Eifersucht, männlicher Rivalität und Mord in achtzehn Kapitel, lässt aber jeweils die handelnden Personen sprechen. Aus diesen Monologen, die Fontanes Tonalität, das mystisch-unheimliche Element seiner Erzählung geschickt aufnehmen, entsteht ein Konzert der Einzelstimmen, das die unterschiedlichen Perspektiven der Figuren erfahrbar macht. Das Verfahren ist die Antwort auf Hildes Frage: »Kann es sein, dass die Menschen die Welt unterschiedlich sehen?« Jeder Sprecher hat seine Version, seine Sicht der Dinge, aus der sich das von Matthus deutlich herausgearbeitete Bild einer verlogenen Dorfgemeinschaft zusammensetzt – von Lügen und Vertuschungen und patriarchalischer Dominanz. Oder – wie es die Gräfin im Stück ausdrückt – von der »Schuld des Männlichen«.

Die Hauptfiguren von »Ellernklipp« sprechen post mortem zu uns, es sind Stimmen aus dem Jenseits, die ihre Wahrheiten mit ins Grab genommen haben. Auch in Matthus' Stück »Effi in der Unterwelt«, das ebenfalls 2019 entstand, vernehmen wir die Stimmen von Schattenwesen. In »Ellernklipp« sprechen tragisch-unerlöste Figuren aus dem Totenreich zu uns, in dem ausgelassenen, liebevoll-ironischen Fontane-Spektakel suchen literarische Gestalten ihren Schöpfer.

Neuruppin, Kreisstadt der Region, führt als Geburtsort des Schriftstellers stolz den Titel »Fontanestadt«. Seit 2009 gibt es hier die Fontane-Festspiele, ein Literatur-Festival, das sich ganz im Sinne des vielgereisten Dichters mit Texten über das Unterwegssein befasst, mit dem Wechsel von Perspektiven und Orten. Eine fantastische Reise hat Frank Matthus, einer der Gründerväter des Festivals, im Fontane-Jubiläumsjahr 2019 ersonnen, einen Abstieg zu »Effi in der Unterwelt«. Neuruppin war an Matthus mit dem Wunsch herangetreten, im Zentrum der Stadt zum 200. Geburtstag des großen Sohnes ein Theaterspektakel zu veranstalten. Viele Neuruppiner erinnerten sich noch an die musikalisch-szenische Aufführung von Fontanes »Grete Minde«, bearbeitet von Siegfried und Frank Matthus, 2010 hinter der Klosterkirche.

Der Bühnenbildner Jürgen Bäckmann baute im Herzen der Stadt, auf dem Schulplatz, ein riesiges Amphitheater für 700 Zuschauer, die auf einen etwa 20 Meter breiten Tropfen aus Sand blickten – ein starkes Symbol für die angehaltene Zeit. Matthus hatte die Idee, dass nicht nur die Stadt Neuruppin, die reale Welt der Gegenwart, den Geburtstag des Autors begeht, sondern dass sich auch im Jenseits die Geister der Vergangenheit zu einer Fontane-Feier in einer Walpurgisnacht versammeln. Inspiriert von Michail Bulgakows großem Roman »Der Meister und Margarita« wird das Fantastische bei Matthus real. Das Stück wurde nicht als dramaturgische Handlung geschrieben, sondern eher als eine szenische Abfolge absurder, aber zusammenhängender theatralischer Momente.

Satan, der seinen Namen Voland bei Bulgakow geliehen hat, führt uns durch das Labyrinth der Unterwelt, Teufel und Hexen sind die Showmaster dieses Zauber-Abends, der Mysterienspiel und bunte Theaterrevue zugleich ist. Die wichtigsten Frauen aus Fontanes Romanen treten auf, auch das Mädchen Hilde aus »Ellernklipp« ist dabei. Bezeichnenderweise siedelt Frank Matthus die Frauenfiguren Fontanes nicht in der langweiligen Konfliktlosigkeit des Paradieses an, sondern in der brodelnden Unterwelt, in der Sphäre der Widersprüche und Brüche. Dort machen sie dem männlichen Personal der Romane, diesen kleinmütigen, heuchlerischen, betrügerischen Herren eine Art Prozess gegen das Patriarchat, unter dem die Frauen lebenslang litten.

Diese lebendigen weiblichen Figuren suchen ihren Autor, mit dem sie sich solidarisieren, und finden ihn schließlich in Aufspaltungen seiner Persönlichkeit, die sich in ihrer Vielfalt dem in Neuruppin allgegenwärtigen Fontane-Kult verweigern: der rebellische, der demütige, der auftrumpfende, der unsichere Fontane. Welcher ist der wahre? Kennen wir ihn wirklich? »Madame Bovary bin ich«, meinte Flaubert. Fontane, wie Frank Matthus ihn sieht, lebt in all seinen Frauenfiguren, er ist vielschichtiger, widersprüchlicher und schwerer zu fassen, als es die lokalpatriotische, literarische Heldenverehrung wahrhaben will. »Effi in der Unterwelt« wurde in drei ausverkauften, gefeierten Neuruppiner Vorstellungen gezeigt. Es wäre schön, wenn man nicht bis zum 250. Fontane-Geburtstag auf eine Wiederaufführung dieser originellen und erfrischenden Klassiker-Ehrung warten müsste.

Auch im dritten Stück sprechen die Toten zu uns. Aus dem Dunkel der Geschichte treten sie auf die Bühne, die Höflinge, die Bediensteten, die Günstlinge und die Gefährten Heinrichs im Rheinsberger Schloss, in dem der

Bruder Friedrich II. 50 Jahre lang lebte. Im Auftrag der »Kammeroper Schloss Rheinsberg«, die Siegfried Matthus im Jahre 1991 gegründet hatte, schrieb Frank Matthus 2002 »Prinz Heinrich inszeniert eine Oper«. Die Uraufführung zu Heinrichs 200. Todestag inszenierte Angelica Domröse, sie spielte auch die Rolle des Prinzen, dieses ewigen Zweiten, Zurückgesetzten. Bei der Wiederaufnahme 2010 übernahm Frank Matthus selbst die Regie und spielte die Hauptrolle. In dem Stück probt Heinrich für eine Aufführung der Gluckschen Oper »Iphigenie in Aulis«, dabei steigen Erinnerungen an sein Leben auf, an verpasste Chancen und tiefe Verletzungen. Frank Matthus stellt so eine Verbindung zweier glückloser Familien her, zwischen Iphigenies Geschlecht der Atriden und den Hohenzollern, über denen derselbe Fluch zu hängen schien. Rivalität und Neid, das Ringen um Anerkennung und Macht, das Leiden an einer lebenslangen Herabsetzung sind die großen Themen dieses »Heimatstücks« im besten Wortsinne, eine Ehrenrettung für den fast vergessenen Prinzen, der seinem Bruder durchaus ebenbürtig gewesen sein soll und der die Rheinsberger Kulturlandschaft prägte wie kein anderer. Doch vor dem Eingang zum Schlosspark steht heute das Denkmal von Friedrich, der nur vier Jahre hier lebte.

Frank Matthus, der in der Nachfolge seines Vaters das Opernfestival von 2015 bis 2018 leitete, hat in Rheinsberg mehrfach inszeniert. Mit seinem Stück über den Prinzen Heinrich gelang ihm ein bleibendes Werk. Das Nebeneinander der Tragik eines unerfüllten Lebens und der Banalitäten einer provinziellen Hofhaltung, die Kluft zwischen den Mühen einer ambitionierten Opernaufführung und den eng begrenzten inszenatorischen Möglichkeiten ergeben ein rokokohaftes, elegantes Spiel, das biografisch höchst informativ und zugleich sehr berührend ist. Ein Nachfahre des Prinzen aus dem Hause Hohenzollern war

2002 zu Gast bei der Premiere. Er sagte zu dem hocherfreuten Frank Matthus: »Ihnen verdanke ich einen menschlichen Zugang zu meinem Ur-Ur-Ur-…Onkel.« Diesen Zugang fanden sicher auch viele Zuschauer, die keine adligen Vorfahren haben. Heinrich erhielt hier ein menschliches Antlitz, seine Stimme aus dem Jenseits hatte einen überraschend vertrauten Klang. Frank Matthus brachte auch in diesem Stück die Mythen zum Leuchten und die Toten zum Sprechen.

Ellernklipp

nach der gleichnamigen Novelle von

Theodor Fontane

Hilde kommt in des Heidereiters Haus

Der Pfarrer Sörgel erzählt

Mit schwerem Herzen und noch unter dem Eindruck des Geschehenen ist es die Pflicht des Chronisten festzuhalten, was sich in Dorf und Schloss Emmerode, gelegen in den nördlichen Harztälern, gegen Ende des 18. Jahrhunderts zugetragen. Es ist dies eine Erfahrung des Unbestandes allen Irdischen; und die es mit Leib und Seele erlitten, stürzt' es in Verdammnis. Und wir, die wir es schauen oder lesen, jetzt oder in hundert Jahren, mögen in der Erzählung ein Beispiel erkennen, dass nichts selig macht als die Gebote Gottes. Und wer da meint, unentdeckt auf der dunklen Seite wandeln zu können, wird seines Lebens nicht froh werden.

Wir sind ein friedliches Dorf.

Jeder geht seiner Arbeit nach und führt ein gottgefälliges Leben. Und ist das eigene Leben arm an Erlebnissen, so haben die Häuser Ohren und spannen ihre Neugier umso mehr auf der Nachbarn Häuser, denn man möchte gerne schauen und sehen und erleben und sich entsetzen über das »Weh« und ergötzen am »Ach« der anderen, und doch geborgen sein am eigenen eintönigen Ofen und vor dem eigenen immer gleichwarmen Herd. Ja, das darf ich sagen: Wir sind ein friedliches Dorf.

In einem einzeln stehenden, in die Bergwand gebauten Haus mit einem Hirschgeweih über der Tür wohnte Baltzer Bocholt, ein Westfälinger, der in jungen Jahren in Kur-Trier als Soldat gedient und späterhin in Emmerode erst gräflicher

Heidereiter, Förster und später, nach seiner Heirat mit des Erbschulzen einziger Tochter, ein über seinen Stand hinaus vermöglicher Mann geworden war. Nach elf Jahren friedfertiger Ehe starb ihm plötzlich die Frau und ruht seitdem auf dem von einem kleinen Gatter umfassten Kirchhof, unterhalb des sich darüber zacken- und giebelreich erhebenden Schlosses der alten Grafen von Emmerode.

Es war der Morgen des 1. Oktober, als ich meine alte Doris zum Hause des Heidereiters hinüberschickte mit einem Brief, in dem ich ihn zu einem vertraulichen Gespräch dringlich in mein Haus bat. Inzwischen hatte des Heidereiters Magd, oder – um ihr volle Ehre zu geben – die stattliche Person von über dreißig, die seit dem Tode der Frau dem Hauswesen des Försters vorstand, ein Frühstück aufgetragen. Aber Baltzer Bocholt setzte sich nicht, weil ihn mein Brief unruhig gemacht hatte, und keine halbe Stunde später trat er mit einem Gruß in meine Studierstube.

»Nun, Pastor Sörgel, was gibt's?«, waren seine Worte und ich legte den ersten Stein der Geschichte im sichersten Gefühl, das Richtige und Gute zu tun.

»Seht, Baltzer Bocholt«, sagte ich, »letzte Nacht ist die Muthe Rochussen, des armen Holzschlägers Witwe, gestorben, und nun ist ihr Kind bei mir. Ihr wisst, was es mit der Muthe war, aber ich denke, wir geben ihr ein ordentliches Begräbnis und tragen nicht erst lange.«

Der Heidereiter nickte.

»Aber da haben wir nun die Hilde. Wohin mit ihr? Ihr kennt die Gräfin und wisst, wie's im Herzen der Gnädigen aussieht, ihr Stolz wird größer sein als ihr Mitleid. Und sie wird die Hand abziehen – aber Ihr, Ihr wäret der Mann. Ihr könntet's – es wäre ein christlich Werk.«

»Es fehlt die Frau«, gab er mir zur Antwort und ich hatte nichts anderes erwartet.

»Es fehlt die Frau, ja, aber Ihr seid rüstig und werdet darüber hinwegkommen, es gibt ihrer noch viele. Und wenn nicht, so seid Ihr der Mann, der mit einem Blick besser erzieht als drei Frauen. – Hilde, kommst du?«

Das Kind trat zu uns in die Stube. Sie hatte das helle Rothaar und die langen Wimpern, ganz wie sie es drüben im Schloss haben. Ich konnte sehen, dass ihr Erscheinen auf den Heidereiter einen guten Eindruck machte.

»Ich will es bedenken, Herr Pastor«, sagte Baltzer. So war fürs Erste alles gesagt und wir schritten zu dritt quer über das Tal auf das Haus der Muthe Rochhussen zu.

Unter einer aus bunten Zeugstücken sauber zusammengesteppten Decke lag die Tote, das dunkle Haar gescheitelt und eine Kette von Bernsteinkugeln um den Hals, daran ein flammendes Herz hing. Ihre Linke ließ einen Schlangenring an ihrem vierten Finger erkennen. Es war ersichtlich, dass sie noch nach ihrem Tode eine Verwunderung und das Gerede der Leute zu wecken wünschte. Und so hatte sie sich gekleidet und geschmückt und dann niedergelegt und schien ohne Kampf hinübergegangen zu sein, denn aus ihren Zügen sprach das Glück einer endlichen Erlösung.

»Seht – ihren Trauring hat sie abgelegt«, sprach ich zum Heidereiter. »Es sind jetzt elf Jahre, dass sie mit dem Rochussen vorm Altar in meiner Kirche stand. Es sollte was zugedeckt werden, Ihr wisst ja. Und dass sie nicht mit dem Ring am Finger vor Gott treten wollte, ist mir wie ein Bekenntnis für ihr falsches Leben. Ja, Heidereiter, irr und verworren sind unseres Herzens Wege.«

Einen Moment waren wir still.

»Ja nun, die Gnädigste oben im Schloss wird sich nicht aus freien Stücken zu dem Enkelkinde bekennen. Es war ihr immer ein Stachel im Fleisch. So haben wir von Stund’ an eine Waise mehr in der Gemeinde.«

»Nicht doch«, sagte Baltzer, »ich nehme das Kind. Es soll mit meinem Martin zusammengehen. Ja, Pastor, ich will ein

Gespann haben, damit fährt sich's besser, und ist dem Jungen gut. Lieben wird er sie schon, denn es ist ein feines Kind und hübsch wie der junge Graf. Wer den Toten Blumen streut, der streut sie, denk ich, auch wohl den Lebenden.«

»Das ist recht, lieber Baltzer«, gab ich zur Antwort, »aber ich fürchte, sie kennt nicht Gut und nicht Bös, und darum geb' ich sie auch so gerne zu Ihnen. Sie haben die Zucht und die Strenge, die das Träumen austreibt. Wenn sie Gutes sieht, so wird sie Gutes tun. Seht sie nur an: Das Kind hat das Herz voller Sehnsucht.«

Mit diesen Worten trennten wir uns.

2

Hilde spielt

Von Hilde erzählt

Mama? Wo bist du? Du musst doch hier irgendwo sein! Ich kann dich nicht sehen, siehst du mich? Ich will dir erzählen, wie es mir ergangen ist, nachdem… nachdem du von mir gegangen bist. Interessiert es dich? Wo bist du jetzt? Ich hab das Gefühl, ich finde dich auf einer Wiese – aber in den Häusern spüre ich nichts, da bist du fort, da bin ich allein. Bist du jetzt bei Papa? Könnt ihr euch jetzt endlich liebhaben, wie ihr euch das immer gewünscht habt? Du hast mir nie gesagt, wer er ist. Warum? Grüß ihn von mir!

Ich hatte gehofft, beim Pastor Sörgel im Haus bleiben zu können, aber er hat mich dem Förster Bocholt gegeben. Ich weiß, du kannst den nicht leiden – was sollte ich tun?

BOCHOLT

»Sieh, Hilde, das ist unsere Grissel. Mit der wirst du nun zusammenleben und musst ihr gehorchen in allen Stücken, als ob ich's selber wäre. Dies ist Joost, unser Knecht, der meint es gut. Nicht wahr, Joost? Lass dich nur aufs Pferd von ihm setzen, aber immer nur, wenn er Zeit hat, und darfst ihn nicht stören bei seiner Arbeit. Und dies ist unser Martin; der soll nun dein Bruder sein, ihr sollt euch lieb haben. Wollt ihr? Willst du, Hilde?«

Ich weiß noch, dass ich nickte.

BOCHOLT

»Nun gebt euch die Hand. So. Und jetzt einen Kuss. Nun, Grissel, führ' unser neues Kind in seine Stube hinauf und zeig ihm, wo es wohnt. Zu Mittag sehen wir uns wieder.

Punkt zwölf, auf die Minute. Hörst du! Denn ich bin ein alter Soldat und liebe Pünktlichkeit. Und nun Gott befohlen!«

Danach wandt' er sich und ich stieg hinauf in die Dachstube. Mit der Grissel. Die mochtest du auch nicht, ich weiß, Mama. Aber was sollte ich machen? Ich musste ja nun mit denen leben und da hab ich versucht, sie auch zu mögen. War das falsch?

Grissel
»Sieh, Hilde, hier müssen wir uns nun vertragen. Werden wir? Ich denke doch. Du siehst mir danach aus, als ob jeder mit dir leben könnt und wärst ein gutes Kind und hättest keinen Eigenwillen. Das ist immer das Beste, keinen eigenen Willen zu haben. Dies hier ist dein Bett und dein Stuhl, und dieser Besen ist für dich. Es darf nichts umherliegen. Die Fenster müssen immer offen sein, denn es lebt sich besser in frischer Luft – ich weiß nicht, wer die wieder zugemacht hat. Gewiss unser Joost, der will es immer warm haben wie in seinem Pferdestall.«

Es war schön am Fenster. Alles so weit. Dort wollte ich immer stehen: am Fenster. Und hinausschauen ins Tal, auf die Berge, auf Ellernklipp, auf Kunerts Kamp. Die Bäume, die Berge waren meine Freunde. Da ist es egal, wie ich hierhergekommen bin.

Mama, ich sehe immer so Gestalten! Die sind da, und sie schauen mich an. Schöne Schmetterlinge, aber auch skelettige Gesichter, ich sehe Farben um die Menschen herum – und wenn ich Pastor Sörgel davon erzähle, dann ist er immer ganz entsetzt. Aber diese Gestalten sind da! Er sagt, ich würde mir das einbilden. Kann es sein, dass die Menschen die Welt unterschiedlich sehen?

Nur der Melcher Harms, der die Kühe hütet auf Kunerts Kamp – erinnerst du dich? – der hört mir anders zu. Wie wenn er der einzige Mensch auf der Welt ist, der mir glaubt.

BOCHOLT

»Wie geht es mit der Hilde?«

GRISSEL

»Wie soll es gehen? Es ist ein liebes Kind. Und gehorsam.
Die Muthe war ja eine feine Person und eigentlich über
ihrem Stand. Was ihr Mann war, der Jörge Rochussen, der
war ja noch schwärzer als die Muthe. Davon, denk ich, hat
unser Hildchen das rote Haar und ist so was Feines.«

BOCHOLT

»Höre, Grissel, ich kenne dich und weiß, wo das hinaus
soll. Aber ich sag dir, ich will davon nichts hören. Was geschehen ist, ist so tot wie die Muthe. Die hat die Geschichte von drüben mit ins Grab genommen und das Kind ist
jetzt ehrlicher Leute Kind. Unser Kind. Und du wirst den
Mund halten. Du hörst das Gras wachsen, gerade so wie
Melcher Harms oben auf Kunerts Kamp, den du nicht leiden kannst. Aber das ist deine Sach und ich will kein Gerede haben und alles soll sauber und rein sein in meinem
Haus. Hörst du?«

GRISSEL

»Es ist gut, sie soll nichts hören davon und im Dorf redet
sich's tot. Aber ihr eigen Blut wird es ihr sagen. Ich merke
schon was davon.«

BOCHOLT

»Was meinst du?«

GRISSEL

»Sie ist immer so müd und tut nichts. Ich meine, sie muss
in die Schule und an die Arbeit. Es ist ja zum Gotterbar-
men mit ihr, sie kann nichts und weiß nichts und ist wild
aufgewachsen und will immer hinaus. Und wenn sie nicht
hinaus will, so will sie schlafen.«

»Ich hab auch schon an Schule gedacht. Aber der alte Sörgel will nicht und meint, es sei noch zu früh und nicht vor
Ostern. Und weil ich Ja gesagt habe, muss es so bleiben.
Ostern.«

Martin

von unten

»Hilde, komm!«

Und Martin! Es ist ein Glück, Mama, dass der Heidereiter
einen Sohn hatte. Den mochte ich sofort. Wir haben oft
von euch gesprochen. Unseren Müttern, die beide auf dem
Kirchhof liegen. Martin weiß, was mir eine Freude macht,
noch bevor ich es selbst recht weiß. Er spielt mit mir Boot
und Flotte – das macht Spaß! Er hat Schiffchen aus Holz-
und Rindenstücken geschnitten, richtig mit Mast und Segel. Wir setzen die Schiffchen in den Bach und die meisten
kentern, aber zwei von ihnen fuhren bis in den Sonnenuntergang, es sah sehr schön aus.

»Sieh, Hilde«, sagt der Martin, »das sind wir; ich hab
unsere Namen drangesteckt und die scheitern nicht. Wenn
du's nicht glaubst, so komm nur, wir wollen sehen, ob ich
recht habe.« Und wir liefen abwärts, um nach den gekenterten Schiffchen zu sehen, aber schon das zweite, das wir
fanden, war der *»Martin«*. »Ach Hilde«, sagte er, »dann ist
es ein anderes Schiff, das mit dir fährt«.

Wenn der Martin dann so traurig aussieht, dann geht
mir das Herz über. Und wenn er weint, dann tröste ich ihn.
Es ist so schön zu sehen, dass jemand noch trauriger sein
kann als ich selbst.

Der Winter ist so schön! Ich glaube, er ist meine liebste
Jahreszeit. Alles ist so klar, so hell. Martin und ich haben uns eine Schneehütte gebaut. Da sitzen wir lange und
kann uns keiner sehen und hören und belauschen. Martin

sagt: »Sieh, Hilde, wir sind verzaubert. Wir sitzen hinter einem Schloss und draußen steht ein Riese und lässt niemanden ein.«

Und dann, Mama, stell dir vor: Weihnachten! Ich wusste ja gar nicht, was für ein schönes Fest das ist und wie viele Geschenke man da bekommt. Der Martin hat mir die Stadt Bethlehem gebaut, mit all ihren Hirten und Engeln und am hellsten leuchtete der Stern über dem Kripplein mit dem Jesuskind! Stell dir nur vor! Das hat mir der Martin gebaut, wirklich! Und wie ich mich bei ihm bedanken will, da steht er schüchtern in der Ecke, und der Heidereiter sagt: »Du kannst ihm ruhig einen Kuss geben, Hilde, ihr sollt euch lieb haben, so recht von Herzen wie Bruder und Schwester. Ja, so will ich's, so hab ich es gern!«

Es waren auch die schönsten Stunden mit Grissel oben in unserer Kammer. Aber – das muss ich sagen, Mama – die Grissel hat mir die Weihnachtsgeschichte ganz anders erzählt als du. Du hast mir immer von einem jungen Grafen geredet und wir haben ein Lied gesungen über den jungen Grafen. Aber Grissel erzählt mir von einer Jungfrau Maria und die hat das Jesuskind geboren und das ist nicht vom Joseph, sondern vom Heiligen Geist. Das ist lustig, weil du, Mama, hast den Grafen geliebt und das verstehe ich. Aber der Gedanke, dass man sich verliebt in jemand, der nicht Fleisch und Blut ist, das verstehe ich nicht. Sicher ist es schön, dass sich eine Mama verliebt in einen heiligen Geist und von ihm ein Kind bekommt, das allen Menschen hilft und ihnen Gutes tut – und es ist auch schön, dass es den Joseph gibt, der nicht der Papa ist und Maria trotzdem liebt und sie beschützt. Es ist dies alles schön – und vielleicht ist es nicht wahr, aber man muss halt glauben, dass es wahr wäre, dann wird es vielleicht auch wahr. Ist das der Glauben? Sich vorzustellen, dass eigentlich alles viel schöner ist, als wir es sehen können? Ich weiß nicht, Mama … Ich will es glauben, aber dann kann ich es nicht.

Aber eines weiß ich: Es ist eine Sünde, wenn man das nicht glauben kann! Dann kam nämlich auch gleich die Strafe und es war alles meine Schuld, was dann passierte. Aber das darfst du niemandem sagen, das weiß nur ich! Ich liege in meinem Bett und es läuteten die Glocken und gerade noch war es wie die himmlische Musik, und dann, irgendwann, haben die Glocken ihre Ruhe verloren, und als ich noch mit den Glocken geträumt habe und mich fragte, ob es den heiligen Geist wirklich gibt, taten sie mir plötzlich weh im Kopf und warfen mich aus dem Schlaf. Das war nichts als die Strafe für meine Gedanken!

3

Hilde hat einen eigenen Willen

Bocholt erzählt

Rufe aus dem Dorf

»Feuer! Feuer!«

Es war an jenem Weihnachtsabend, dass ich die Hilde das erste Mal mit anderen Augen gesehen habe. Es begann alles mit der Glocke, nicht dem weihnachtlichen Geläut, das war längst verklungen, sondern der Feuerglocke, die gegen Mitternacht den Frieden zerriss im Dorf. Dann sahen wir den Feuerschein von Kunerts Kamp herüber. Und natürlich war ich der Erste, der mit hinaus musste, Mitglied der Feuerwehr und als Heidereiter in verantwortlicher Position in allen Dingen der gemeinschaftlichen Organisation des Dorfes.

Und ich verlasse das Haus und rufe auf Fragen der aufgeschreckten Grissel zu: »Es brennt auf Kunerts Kamp. Der Muthe Rochussen ihr Haus.« Dass es der Hilde Geburtshaus war, das da brannte, schien mir ein Grund mehr zu sein, der Grissel streng zu befehlen, sie möchte auf die Kinder achten und dass diese im Haus blieben und nicht hinaus zum Brandherd laufen. Und sehe noch die Hilde auf der Treppe stehen und alles hören. Und nicht lange, da rollte die Feuerspritze von Emmerode über den hartgetretenen Schnee heran. Und in eben diesem Moment erklärte Hilde, dass sie gehen und das Feuer sehen möchte. Und so sehr Grissel ihr dies zu verbieten suchte, sagte die Hilde, das Kind:

»So gehe ich allein. Du wirst mich nicht halten können.« Und geht. Und ich höre sie rufen: »Mama! Siehst du das!? Wie schön das ist! Die Funken fliegen in den Himmel und werden zu Sternen! Sieh nur!«

Die Balken, der Dachstuhl stand in hellen Flammen. Das Haus war nicht zu retten, das ganze Dorf war auf den Beinen und trotzdem gab es nicht genug Wasser!

Und da war der Wald. Keine hundert Schritt von der Muthe brennendem Haus schob er eine lange Spitze vor, deren vorderstes Gezweig über die Gartenzäunung hing. Und ich erkannte als Einziger, dass es hier ein weit größeres Unglück zu verhindern galt, nämlich dass der Brand auf den Wald übergreife. Und dass ein breiter Zwischenraum zu schaffen war zwischen der Muthe ihrem Haus und dem Wald und dass alles, was an Mannsvolk zur Verfügung stand, sich nicht länger an den Schläuchen und Eimern zu schaffen machen durfte, sondern mit Äxten frisch eine Schneise schlagen musste zwischen dem brennenden Haus und dem anrainenden Wald.

Und es war meine Stimme und mein Wille und mein Befehl, der durch das Chaos der Verwüstung drang und rief: »Lasst das Haus! Rettet den Wald!«

Und da sah ich Hilde. Sie stand im Licht des Brandes an vorderer Stelle, über ihr die Sterne und in ihren Augen, ich weiß nicht was. Was konnte ihr Kinderkopf in dem Moment verstehen? Der Baltzer Bocholt opfert das Haus ihrer Kindheit, ihrer Geburt, ihrer Mutter. Ihr Haus. Den Ort, der sie an die Welt band, ihr letztes Stück Heimat. Ich erschauerte, und so stark ich im Befehligen des Augenblicks war, so schwach fühlte ich mich angesichts des Kindes. Nie haben wir darüber gesprochen. Was daran liegt, dass ich nicht sprechen kann. Immer wenn ich etwas sagen will, das mir auf dem Herzen liegt, kommt etwas anderes dabei heraus. Ich kann es nicht, habe es nie gekonnt. Ich kann nur so Worte, die alle Welt redet und im Alltag. Besondere Worte, wirkliche Worte – kann ich nicht.

Und als Grissel schimpft über die Hilde und dass sie so ungehorsam war, da sage ich:

»Sieh, Grissel, das gefällt mir. Der Mensch muss gehorchen, das ist das Erste, sonst taugt er nichts. Aber das Zweite ist, er muss *nicht* gehorchen, sonst taugt er nämlich auch nichts. Wer immer gehorcht, das ist ein fauler Knecht – aber wer eine rechte Lust und Liebe hat, der hat auch einen Willen. Und wer einen Willen hat, der will auch mal anders, als andere wollen.«

Das Bild von der Hilde im Feuer stand mir noch lange vor Augen.

Hilde kommt in die Schule

Pfarrer Sörgel erzählt

Es hat mich geärgert, dass sogar die Kleinen in der Schule über Hilde lachten. Sie wusste nichts, war oft träge und abgespannt und machte Krikelkrakel im Rechnen und Schreiben – nur im Lesen und Auswendiglernen war sie gut.

Einmal sah ich sie an ihrer Mutter Grab, und nun konnte sie die Buchstaben entziffern, die da standen: »Erdmuthe Rochussen, geb. 1. Mai 1735, gest. den 30. September 1767« Und ich trat zu ihr und fragte: »Hilde, bist du traurig?«

»Nein«, antwortete sie, »mir ist ja, als wäre sie nicht tot. Ich seh' und höre sie noch. Aber die Mama hat immer gestrickt und an etwas gedacht, das fern von uns war. Und dann drückt sie mich plötzlich ganz fest und hat manchmal auch geweint, aber ich wusste nicht, was sie dachte. Und nun hab ich den Martin und weiß immer, was er denkt. Ich mag ihn und die Grissel, die mag ich auch.«

»Und den Vater, magst du den auch?«

»Ja«, sagte Hilde leise »den auch.«

Und ich verabschiedete mich, aber nicht, ohne das Kind aus der Entfernung im Auge zu behalten, interessierte mich doch, ob sie auch zu dem weiter oben auf der Gräflichen Ruhestätte gelegenen Grab einen Bezug nehmen werde. Dort würde sie lesen können: »Adalbert Ulrich Graf von Emmerode, geb. am 1. Mai 1733, gefallen vor Prag am 6. Mai 1757«. Ihr Interesse würde sie dorthin ziehen, so war ich mir sicher. Hat sie doch viele Male mit der Mutter dort stehen müssen, manchmal in aller Frühe schon, wenn der

Tau noch lag, und öfter bei Sonnenuntergang. Und das eine Mal, als sich zufällig die Gräfin näherte, zog die Muthe das Kind in panischem Entsetzen in die nahe Brombeerhecke. Hilde musste sich erinnern, das schien mir ganz sicher.

Aber sie wandte sich heimwärts und außer an dem Grabe ihrer Mutter schien ihr Interesse keinen Anteil zu nehmen.

Hilde wird eingesegnet

Martin erzählt

Am meisten ärgerte es die Hilde, wenn sie anderen Leuten vorgezogen wurde. Sie mochte unseren Pastor sehr, aber was konnte sie sich über ihn aufregen, dass er in den Bibelstunden sich nur mit ihr beschäftigte und mich kaum eines Blickes würdigte. Oder: Als es endlich so weit war mit dem Palmsonntag und unserer Einsegnung und die Grissel – um Hilde zu schmücken – einen Strauß Blumen aus dem Treibhaus oben zu besorgen dachte, meinte Hilde:

»Nein, ich mag nicht. Die Leute werden wieder sagen: ›Seht die Heidereiters mit ihrer Hilde, die möchten am liebsten eine Gräfin aus ihr machen.‹«

»Scher dich doch nicht um das Gerede der Leute«, sagte ich.

»Ich scher mich aber drum! Und wenn ich einen sehe, der mich beneidet, dann ist's mir immer wie ein Stich und als fiele mir ein Tropfen Blut aus dem Herzen. Hast du das auch?«, fragte sie mich. Ich musste lachen, weil ich das nicht habe, nein, ich hab es sogar gern, wenn mich einer beneidet. Und dann ist es mir aber auch völlig egal, wenn der Pastor nur mit Hilde spricht und nicht mit mir. Seit die Hilde bei uns im Haus ist, ist für mich alles so klar und einfach. Ich möchte machen, dass die Hilde strahlt und lacht und sich freut und ich möchte verhindern, dass sie traurig ist. Das macht mir auch keine Mühe, im Gegenteil, es ist viel einfacher, wenn ich mich frage »Geht es der Hilde gut? Ist Hilde glücklich?« – als wenn ich mich frage »Bin ich glücklich?«. Es ist immer irgendwie anstrengend, selbst glücklich zu sein. Dagegen ist es ganz einfach, zu sorgen, dass ein anderer glücklich ist. Das ist – so glaube ich – das große Geschenk, wenn man jemanden so gern hat wie ich die Hilde.

Auch der Vater mochte Hilde mehr als mich. Er ist überhaupt ein merkwürdiger Mann und wir hatten beide Angst vor ihm. Er lebte halt der Überzeugung, dass er ein strenger Mann sein muss, und es muss anstrengend sein, wenn man eine solche Pflicht und solchen Ehrgeiz täglich mit sich herumschleppt. Er konnte nicht aufrichtig lustig sein, das machte ihn manchmal traurig, manchmal wütend. Und auch in seiner Lustigkeit war immer etwas von Wut und manchmal sogar Verzweiflung. Aber das wusste ich damals noch nicht.

Eines Tages sahen wir ihn hart am Bache entlangkommen, mit geschultertem Gewehr, er war erregt und wischte sich ohn' Unterlass die Stirn.

»Sieh, der Vater! Komm, wir gehen ihm entgegen«, sagte ich zu Hilde, aber die hielt fest und ihr »Nein, bleib« war gleich mit dem heftigen Abwinken des Vaters, das uns bedeutete, wir mögen bleiben, wo wir sind. Erschrocken schlichen wir uns zum Haus, und kaum auf dem Hof angekommen, eilte er wieder fort, offensichtlich zum Rapport auf's Schloss.

»Grissel, was ist?«, fragte ich.

»Was ist? Er hat den Maus-Bugisch über den Haufen geschossen.«

»Tot?«

»Versteht sich. Er wird ihn doch nicht halb tot schießen. Dein Vater tut nichts Halbes.«

Und nun war Hilde außer sich.

»Um Gottes Barmherzigkeit willen!«, schrie sie, »Vater unser, der du bist im Himmel«, und in ihrer furchtbaren Angst kam sie an die Stelle: »Unser täglich Brot gib uns heute.«

Und das war, wo Grissel ihre Nerven rissen:

»Was täglich Brot! Du hast es doch! So bet' um *den*, der es dir täglich gibt! Du lebst in eines Heidereiters Haus und zu seinen Pflichten gehört, die Wilderer zu jagen! Wie oft hatte er den erwischt und vertrieben und drum wollte der Maus-Bugisch deinem Vater ans Leben. Es ist die dritte Woch', dass er's ihm zugeschworen. Ja! Er oder ich – heißt es da und dein Vater war flinker und fragt und spaßt nicht lang. Wie steht's denn in der Bibel: Auge um Auge, Zahn um Zahn.«

»Und liebet eure Feinde.«

»Ja, das auch. Für den, der's kann, ist es gut genug. Aber was ein richtiger Heidereiter ist, der hält auf den Alten Bund und das Alte Testament. Weil es schärfer ist, und wer leben will, muss scharf zufassen können. Und nun komm, Hildechen, ich will dir ein Glas Wein holen ... ah, sieh, da bringen sie ihn schon.«

Und wirklich, sie brachten ihn den Buschweg hoch, der neben dem Bache lief, in den der Fahrweg einbog. Hilde aber, die wie gestört war, wollte nichts sehen und lief zur Tür hinaus und hin auf Kunerts Kamp zum Melcher Harms und umarmte schluchzend ganz außer sich den alten Mann.

Und die Gräfin oben hat den Vater gefragt: »Baltzer Bocholt, hat es denn wirklich sein *müssen*?« Und das hat den Vater gekränkt und über diese Kränkung ist er nicht fortgekommen und hat fast mit Hass geantwortet: »Ob es musste? Ja, Frau Gräfin, es musste. Ich arbeite in Ihrem Dienst und erfülle meine Pflicht und werde tun, was von mir verlangt wird, um meine Pflichten durchzusetzen. Und genauso bin ich ein Christ und kenne das fünfte Gebot und weiß, was es heißt, eines Menschen Leib und Blut auf der Seele zu haben.«

Und wurd' die nächste Zeit von den Leuten geschnitten und war er noch wütender mit sich selbst als gewöhnlich.

Und so kam es, dass der Gang zur Kirche an Palmsonntag zu unserer Einsegnung für unseren Vater der schwerere Gang wurde als für uns.

Vor dem Altare stand ich neben Hilde, und mit halbem Auge sahen und fühlten wir, wie sich hinter uns die Kirche füllte. Und nun wurde gesungen und Sörgel richtete dann so seine Fragen an die Konfirmanden. Nur Hilde frug er nicht, weil er wohl sah, wie totenblass sie war und zitterte. Und dann gab er jedem Kinde seinen Spruch und sagte zuletzt vor Hilde: »Lass dich nicht vom Bösen überwinden, sondern überwinde das Böse mit Gutem.« Und dann war's vorbei und alles verlief sich.

Hilde wandte sich um und wog wohl noch die Worte des Pastors in ihrem Herzen. Und da sah sie, wie der Vater auf seiner Bank alleine saß. Von niemandem eines Blickes gewürdigt, der stolze Mann wie auf der Armesünderbank. Und ein ungeheures Mitleid erfasste sie für den in seiner Ehre gekränkten Mann, und sie vergaß ihrer Angst und lief zu ihm hin und küsste ihn.

Von Stund an wär' der nun jeden Augenblick für sie gestorben. Und je höher er sich nach Hildes Kuss aufrichtete, desto stärker kehrte auch sein Stolz zurück und er nahm Hildens Arm und ging festen Schrittes durch die verdutzt stehenden Bauern und Frauen und Kinder. Und es war, als hätte Hilde mit ihrem Kuss die Herzen aller umgestimmt und ihren Groll entwaffnet.

Grissel

zu Joost

»Nu guck, unser Oller! Was der sich recken tut! Und gar de kleene Hilde! Als wenn'se beede vom Altar komm'n täten. Fehlt man noch der Kranz. Na wer weeß, der kommt am Ende oooch noch.«

Hilde schläft am Waldesrand

Baltzer Bocholt erzählt

Manchmal habe ich sie so satt, die guten Worte. Der Baltzer Bocholt, der ist stark, der achtet stets auf Zucht und Ordnung, zeig ihnen, Bocholt, was gut und böse ist, zeig ihnen den rechten Weg, achte, Bocholt, dass Ordnung ist im Wald und kein Wilderer Recht und Gesetz verletzt. So reden sie und reden von der Ordnung, von den zehn Geboten der Pastor zu Haus in seinem Lehnstuhl und einmal Sonntag in der Kirche, oder die Gräfin hoch in ihrem Schloss mit dem schönen Ausblick und dem warmen Kamin im Rücken. Aber wo ist sie denn, eure Ordnung? Was wisst ihr überhaupt davon? Macht sich die Ordnung von selbst? Macht sie Gott? Nein, die Ordnung macht Arbeit und man macht sich die Seele schmutzig mit der Arbeit an der Ordnung, und wenn ich den Maus-Bugisch erschieße, dann heißt es: ›Bocholt, musste das sein?‹ – Lauf doch selbst durch den Wald, Gräfin, und wer weiß, wenn du ihn nett bittest, dann lässt er es vielleicht sein, das Wildern, und erzählt zu Hause seinen hungrigen Kindern, dass es gut ist, zu hungern und jedenfalls in der Ordnung, zumindest der gräflichen. Oder der Pastor: ›Zeig ihnen, was gut und böse ist, Bocholt.‹ Dann schau doch selbst in die Augen der Kinder, Pastor, und sieh in ihnen die Angst wachsen, die Scheu vor mir, wenn ich mit strengem Blick und Wort den Eisenring der zehn Gebote auf ihre jungen Triebe, ihren neugierigen Unfug und ihr taumelndes Glück setze. Es macht einsam, ihr Schönredner der Ordnung, eure Ordnung in die Welt zu bauen. Eine freudlose Arbeit ist das. Und ich spüre sehr wohl, dass keiner ist, der mich schätzt, der mich mag. Du nicht, Pastor, du nicht, Gräfin, du nicht, Martin – und Hilde?

Gut. Ich kann niemanden zwingen, mich zu mögen. Aber ich kann die Menschen zwingen, mich zu respektieren. Ich habe einen starken Arm und einen unbeugsamen Charakter und wenn man den fürchtet, dann ist es mir recht. Respekt – das ist mein Halt im Gleiten durch die Zeit, die mich älter macht mit jedem Jahr, die mein Haar grau färbt, Respekt ist meine Achtung vor mir selbst und macht, dass ich selbst mich mögen kann. Und das ist wichtig, wenn man einsam ist.

Ich spüre, wie die Ewigkeit näherkommt. Nein, der Mensch ist nicht wie das Gras im Frühling, das wieder wächst und blüht nach seinem Tod im Winter. Der Mensch blüht nur einmal, und die längste Zeit seines Lebens ist er damit beschäftigt, zu verwelken. Es hilft nichts, man muss seinen Frieden damit machen. Die Welt von sich abfallen sehen und mit der letzten Einsamkeit schließlich auch glücklich zu sein. Was macht man aber, wenn man noch Augen hat, die sehen, Ohren, die hören, Sinne, die schmecken?

Vier Jahre waren vergangen nach jenem Palmsonntag und der Einsegnung der Kinder. Es war ein heißer Julitag und die Natur zeigte mir ihr überquellend Glück und Grün. Es war nicht Jagdzeit, aber ich schritt wie immer mit Hund und Flinte auf die Sieben Morgen. Als mein Hund plötzlich stand. Einen Wilderer vermutend nahm ich das Gewehr von der Schulter und schlich mich in Anschlag an jene schattige Stelle, wo Wald und Heide aneinandergrenzten und wohin mich des Hundes Witterung führte.

Und da lag sie. Hilde. Sie war wohl beim Melcher Harms plaudern gewesen und dann höher hinaufgestiegen und hatte sich's im Gras bequem gemacht und war eingeschlafen. Den einen Arm unterm Kopf, geschlossenen Augs träumend in den Himmel. Ihr Haar hatte sich gelöst, ihre Stirn war leicht gerötet. Und ich erinnerte mich an Sörgels Worte von der letzten Kirmes, als wir die Hilde mit all dem jungen Volke tanzen sahen: »Seht, Bocholt«, hatte er gesagt, »alle sind gesund und frisch, aber die Hilde blüht.«

Ja. Die Hilde blüht. Und alles drückte Frieden aus und auch zugleich geheimnisvolle Erwartung, als schwebe sie, traumgetragen, einem unendlichen Glücke nach. Und die Bienen summten und die Heide duftete.

Ich stand einen Moment vor diesem Bilde und der Moment war ein Augenblick Ewigkeit. Und als ich mich heimwärts wandte, da ging das Bild neben mir her. Es verwirrte mich, hatte ich doch das Gefühl, ihr Schamgefühl beleidigt, ihr Innerstes belauscht und damit etwas Unrechtes getan zu haben. Unruhe blieb mir – und gegen alles Sträuben musste ich mir am End bekennen, dass ich sie wieder mit den anderen Augen gesehen hatte. Ja, das war es. Diesmal schämte ich mich dafür. Die Hilde war kein Kind mehr, das war mir klar im Augenblick. Das war plötzlich Wahrheit geworden. Aber gehört nicht zur Wahrheit ebenso, dass sie vor allem auch nicht *mein* Kind war?

Wieder zu Haus rief ich die Grissel zu mir:

»Es ist wegen der Hilde, Grissel. Du bist eine verständige Person.«

»Frauensleut' sind alle unverständig.«

»Wer sagt das?«

»Joost«

»Joost ist ein Narr. Also wegen Hilde. Sie ist nun achtzehn und kein Kind mehr. Ich denke, sie muss nun aus dem Müßiggang heraus und sich daran gewöhnen, dass sie was unter Pflicht und Obhut hat und nicht so hineinlebt in den Tag, immer bloß beim alten Melcher Harms oben oder beim Sörgel drüben, der sie verhätschelt und verwöhnt. Sie muss also Arbeit haben, und da meine ich, wir geben ihr die Milchwirtschaft, das Leinenzeug und die Wäsche ... du verstehst?«

Die Grissel führte mir den Haushalt aller Achtung wert, aber ihre Schläue hatte – wie soll ich sagen – etwas Lauerndes. Dass ihr diese Mitteilung verdrießlich kommen musste, war mir klar, war es doch ihr Ressort, in das ich griff und ihr die Hilde voranstellte. Und so war auch eine Spur von Gift in ihrem Ton, als sie mir antwortete:

»Wohl. Ich versteh.«

»Alles andere bleibt. Und ist bloß noch das mit der Stub und der Kammer. Ihr waret immer zusammen, und das war gut. Aber ich denke, wir lassen ihr jetzt den Giebel oben allein, und du nimmst die Kammer unten. Die neben der Küche, die hübsche gelbe, die ist auch bequemer für dich und brauchst nicht immer treppauf und treppab ... Du verstehst?«

»I, was wird' ich nicht verstehen?«

Und wieder war Gift in ihrem Ton.

»Und an nichts wird gerührt. Und ist bloß, dass sie jetzt achtzehn geworden und die Tochter vom Hause sein muss. Wobei – die Küche bleibt bei dir, da hat dir keiner reinzureden, auch die Hilde nicht. Du verstehst?«

»O wohl, ich verstehe.«

»So. Gut. Übrigens: Was essen wir denn heute Abend?«

»Ich dacht' nen Schlei.«

»Ei, das ist gut! Aber mit Dill, so wie du's machst, nicht blau geschreckt, wie Hilde neulich.«

Später machte ich mir Gedanken, besonders, ob die letzte Wendung des Gespräches wirklich klug gewesen sei.

Aber schließlich: Bin ich nicht der Herr im Hause?

7

Hilde flicht eine Girlande

Hilde erzählt

Mama? Alle sagen, ich wäre nun erwachsen – aber ich hab gar kein Gefühl dafür. Kennst du das? Dass man sich immer fühlt wie ein Kind und auch gar nicht möchte, dass es anders würde?

Ich bin nun viel allein in meiner Kammer und das ist schön. Und dann schaue ich aus dem Fenster und sehe den Mond. Ihm erzähle ich alles. Der Mond weiß viel besser als ich selbst, was ich mir wünsche. Ich habe so etwas im Herzen ... ich würde es »Sehnsucht« nennen – aber eine Sehnsucht muss doch etwas Schmerzhaftes sein, etwas Trauriges. Und meine Sehnsucht ist ein schönes Gefühl, so schön, dass mir manchmal ganz schwindelig wird. Der Mond sagt, dass die schöne Sehnsucht ist, wenn bald eine Liebe kommt. Und dann frage ich den Mond, wer denn meine Liebe sein wird. Da gibt es ja nur einen, der überhaupt in Frage käme, natürlich der Martin, den ich aus ganzem Herzen gern habe. Und wenn ich den Mond frage, ob es wohl der Martin sein wird, den ich einmal lieben werde, dann lächelt der Mond. Er kann *Ja* lächeln – und er kann *Nein* lächeln. Er hat *Nein* gelächelt. Warum nur? Aber man darf darüber nicht nachdenken. Ich glaube, eine Liebe muss einen finden, so wie es bei dir gewesen ist, Mama.

Aber ich muss dir noch von was Lustigem erzählen, Mama: Es war das der Geburtstag des Heidereiters. Der Vater stand schon beim Frühstück im Staat vor uns und wir – Martin, Grissel, Joost und ich – haben ihm brav unser Geburtstagsständchen dargebracht. Ich hatte ihm eine Girlande aus Levkojen und Reseda geflochten und ihm über die Tür gehängt. Und natürlich, das hat ihn sehr gefreut. Es ist überhaupt ganz einfach, ihm eine Freude zu machen: indem man ihm etwas Liebes tut, davon hat er nämlich nicht viel und das hab ich schon verstanden.

Aber wir waren auch alle froh, als er dann am Morgen das Haus verlassen hatte. So mussten wir nicht fürchten, dass er plötzlich vor uns stehen oder uns beobachten würde. Er liebte so Tage selbst nicht, an denen alles irgendwie gewaltsam gemütlich sein sollte. Ich hatte jetzt den ganzen Tag für mich allein!

Seit die Grissel aus meiner Kammer gezogen ist, ist sie hässlich zu mir. Als wäre ich schuld daran. Und als ich jetzt herunterkam und der Joost sie gerade etwas gefragt hatte, da knickst sie albern und sagt:

»Ja, mein lieber Joost, ick weeß nich, da müssen mir dit Fräulein fragen!« Und dann lacht sie ein ganz gemeines Lachen. Und ich verstehe ihre Bosheit nicht, weil ich will kein Fräulein sein und ich will auch nicht zu Sachen Ja oder Nein sagen, die mir ganz egal sind. Und ich will auch nicht, dass die Grissel auf mich neidisch ist und voller Eifersucht.

So etwas macht mich ganz traurig und dann muss ich schnell zum alten Melcher Harms auf die Sieben Morgen. Hab ich dir von ihm erzählt, Mama? Er sitzt auf seiner Kuhweide und strickt! Ja, er strickt! Ich kenne niemanden, der mit so viel Hingabe strickt wie Melcher Harms.

Er lebt ganz alleine – teils wohl, weil er das so will, teils auch, weil viele ihn meiden. Sie nennen ihn den Geisterseher, den Herrnhuter und Konventikler. Das sind Menschen, die Gott nicht in der Kirche suchen, sondern bei sich zu Hause. Pastor Sörgel mag das nicht.

Und dann gibt es welche, die glauben direkt an sein Erleuchtet- oder Erwecktsein. Vor allem die Frau Gräfin oben auf dem Schloss schätzt ihn deswegen und lädt ihn auch manches Mal zu sich ein. Das ist doch sehr nett von ihr, oder – Mama?

8

Hilde bei Melcher Harms

Melcher Harms erzählt

»Du kommst wieder wegen der Milch, Hilde? Warum schickst du nicht die Mutter Rentsch oder die Christel?«

»Die Milch? Ihr wisst ja, Vater Harms, es ist nicht wegen der Milch, es ist wegen Euch! Der Vater ist fort nach Ilseburg, und erst um die sechste Stunde will er wieder da sein und einen frohen Tag haben. Denn er hat heute Geburtstag. Neunundvierzig. Und ich finde, es sieht ihm keiner an!«

»Da hast du recht. Er hat die Kraft. Weil er Gott hat und lebt nach seinen Geboten. Und wäre der da drüben im Pfarrhause nicht, so hätt' ich ihn längst in meinem Saal. Aber ich mag es dem Sörgel nicht antun, obwohl er auf dem Irrpfad ist.«

»Aber er hat die Liebe.«

»Ja, *die* hat er. Nicht die große, die hebt und heiligt und die nur gedeiht, wo der Boden des rechten Glaubens ist; aber die kleine hat er, die heilt und hilft. Und weil er sie hat und weil er das hat, was die Menschen ein gutes Herz nennen, darum lass ich ihn und decke seine Schwäche vor aller Welt nicht auf.«

Ich mochte die Hilde. Jeder mochte sie. Aber nicht jeder konnte sie mit dem Herzen sehen. Unter unserem Gespräch hatte sie sich aus einem großen wollenen Mantel, den ich ihr übergelegt hatte, weil es noch kühl war am Morgen, wieder herausgewickelt und ihn ein paar Schritte hinter sich geworfen.

»Das ist keine gute Stelle, Hilde. Da liegt der Heidenstein. Und ist ein Spuk dabei.«

Hilde lachte.

»Spuk? Spuk! Und Ihr glaubt daran, Vater Melcher? Ich nicht und der alte Sörgel auch nicht. Und wenn er hörte, dass Ihr von Spuk sprecht, so würd' er auch wohl von ›Irrpfad‹ reden. Aber von *Eurem*!«

»Ja, das würd' er. Ein jeder nach seinen Gaben. Der Alte drüben ist arm und dunkel. Am dunkelsten aber da, wo seine Vernunft und seine Weisheit anfängt und sein Licht am hellen Tag brennt. Denn der halbe Glaube, der jetzt in die Welt gekommen ist und mit seinem armen irdischen Licht alles aufklären und erleuchten will und sich heller dünkt als die Gnadensonne – das ist das unnütze Licht, das bei Tag brennt.«

»Aber, Vater Melcher, ihr sprecht vom halben Glauben; und steht doch mit Eurem Spuk in dem, was schlimmer ist: im Aberglauben!«

»Nein, Hilde. So gewiss ein Gott ist, und ich hab' es dir oft gesagt und du hast es nachgesprochen, so gewiss ist auch ein Teufel. Und sie haben beide ihre Heerscharen. Die Klugen und die Selbstgerechten, die glauben an die *lichten* Heerscharen. An die *finsteren* aber glauben sie nicht. Und sind doch so sicher da wie die lichten. Und tun beide, was über die Natur geht, über die Natur, soweit wir sie verstehen. Tun es die guten Engel, so heißt es *Wunder*, und tun es die bösen Engel, so heißt es *Spuk*.«

»Und meint Ihr, dass auch die Gräfin drüben daran glaubt?«

»*Die* glaubt daran, denn sie hat davon in ihrem eigenen Hause erfahren. Aber auch das Wunder und die Gnade.«

Gerade wollte ich mich unterbrechen, weil die Hilde nachfragen hätte können und ich nicht näher eingehen wollte auf eine Geschichte, die zuletzt mit Hilde selbst zu tun hätte und die zu erzählen mir kein Recht gegeben ist und es letztlich Dinge gibt, die wir nicht wissen sollen – als wir durch ein Geräusch unterbrochen wurden, und als wir uns umblickten, da stand da der Martin auf dem Heidensteine, reckte den Mantel in die Höhe und rief uns seinen Gruß und Willkommen zu.

»Hoiho!«

»Von wo kommst du?«

»Von den Holzschlägern. Es ist ja keine fünfhundert Schritt hin, wo sie jetzt schlagen, gleich hinter Ellernklipp.«

»Aber wie kamst du auf den Stein?«

»Ich schlich mich an und duckte mich!«

Unter diesem Gespräche der Kinder war ich stumm geworden. Die Hilde achtete es wohl, und noch bevor die Stille gar zu deutlich wurde, sagte sie:

»Geh vorauf, Martin.«

»Ihr wollt wieder allein sein – nun, ganz wie du willst. Nur verplaudere dich nicht und bleib nicht zu lang. Um die sechste Stunde will der Vater wieder da sein. Du weißt, er hat es nicht gern, wenn wer fehlt. Und nun gar heut'!«

»Ihr habt etwas, Vater Harms. Und es ist was mit dem Martin. Ich weiß wohl, ihr seht alles und habt nichts Gutes gesehen. Sagt mir, was es ist.«

»Ja, du hast recht. Es ist was mit dem Martin … Er hat auf dem Heidenstein gelegen«

»Oh, das hab' ich auch!«

»Es ist ein Opferstein. Und sie sagen: Wer darauf schläft, den opfern die finsteren Mächte.«

»Ja, wer darauf *schläft*.«

»Aber ich denke, Kind, ich habe es weggebetet.«

»Könnt Ihr das, Vater Harms?«

»Nicht immer. Aber oft. Das Gebet kann viel, du wirst es noch erfahren. Aber nicht zu früh, Hilde, weil – wir beten erst, wenn wir im Unglück sind. Und ich wünsch' dir glückliche Tage. Ja, Kind, auch *irdisch* Glück ist süß.«

Und sie ergoss sich blutrot, so, als hätte ich in ihrem Herzen gelesen. Und nahm ihre Sachen und sagte noch:

»Ich muss mich nun eilen …«

... und lief dem Martin hinterher in Richtung des Heidereiters Haus. Und ich saß und sann und wusste: Ich werd' es nicht wegbeten, keiner wird es. Ihr Blut ist ihr Los und den Jungen reißt sie mit. Es geschieht, was muss ... und die Wunder, die wir sehen, sind keine Wunder. –

Ewig und unwandelbar ist das Gesetz.

9

Des Heidereiters Geburtstag

Martin erzählt

Wenn ich es jetzt bedenke, mutet es merkwürdig an, aber es war so: Der Geburtstag meines Vaters war der glücklichste Tag in meinem Leben.

Hilde war endlich auch vom Melcher Harms gekommen und wir saßen in der Vorlaube und schauten immer den Weg hinauf, von wo der Vater kommen musste. Nur dass die Grissel sich noch an dem Backofen zu schaffen machte, weil der Streusel- und Kronsbeerenkuchen, welchen letzteren der Vater allen anderen vorzog, nach seinen Wünschen einen braunen Rand habe musste, und nun lief das treue Wesen immer her und hin, schaute und prüfte – und hat dabei wohl auch die Hilde und mich bemerkt.

Ich wusste, dass ich vielleicht nicht mehr viele solche Stunden haben würde, allein mit Hilde und in einer Vertrautheit, die noch zu unserer Kindheit gehörte. Aber wie soll ich mein Gespräch beginnen?

»Freust du dich auf den Abend?«

»Oh gewiss! So sehr ich mich freuen kann.«

»Was heißt das? Du wirst dich doch freuen können, jeder Mensch kann sich freuen.«

»Ja, jeder Mensch kann sich freuen und ich auch. Und wenn ich sage, so sehr ich mich freuen kann, so mein' ich an *unserem* Tisch und in *unserem* Haus.«

Nun sie es ausgesprochen hatte, durfte ich ihre Hand nehmen.

»Ja, das ist es. Und dass ich's dir nur gesteh: Ich hatte dich recht gut verstanden. Ich wollt' es nur deutlicher hören. Ach, was ist das für ein Leben! Ich möchte vergehen.

Er meint es ja gut mit uns, mit mir vielleicht und mit dir gewiss … doch, Hilde, doch; er zieht dich vor und ich bin nicht böse darüber und gönne dir alles. Alles und dann immer noch was dazu. Nein, Hilde, das ist es nicht. Sie *sollen* dich lieben, jeder, und versteht sich, am meisten ich. Ach, ich glaub’, ich sterbe, so lieb habe ich dich.«

Und als hätte ich sie mit dem Gesagten nicht schon genug erschreckt, entglitt ich meiner Beherrschung völlig und – ich weiß nicht genau, warum – weinte. Und legte schließlich Hilde den Kopf in den Schoss.

»Ich hätte den Tod, wenn’s die Grissel sähe! Sie ist jetzt nur noch bös’ auf mich, und je mehr du gut bist gegen mich, desto schlimmer wird sie mir. Ich bitt’ dich, Martin, steh auf. Sieh, sieh nur, jetzt hat sie’s gesehen!«

»Lass sie. Mir gilt es gleich. Sie *soll* es sehen. *Jeder* soll es sehen. Und er auch.«

Heftiger hätte ich Hilde nicht erschrecken können.

»Um Gottes willen nein, *er* nicht! Ich weiß nicht, Martin, was es ist, aber er darf es nicht sehen. Ich les’ es ihm von der Stirn, er will es nicht. Er will, dass wir Geschwister sind, dass musst du doch auch wissen, und Bruder und Schwester ist sein drittes Wort. Was er sonst noch will, das weiß ich nicht. Nur das weiß ich, dass er mich immer so ansieht, als ob ich was anderes wär und was Apartes und alles nicht gut genug für mich. Auch *du* nicht. Und letzten Erntekranz, als er uns tanzen sah, da hört’ ich auch so was. Und ist doch alles Torheit und Unverstand und schafft mir nur Neid und Missgunst. Ja, das ist es, Martin: Ich bin ihm gut, weil er gut gegen mich ist; aber ich weiß nicht, ich fürchte mich vor ihm.«

»Und ich auch, Hilde. Ja, ja! Aber ich *will* mich nicht länger fürchten und schäme mich meiner Furcht. Denn vor seinem Vater soll man sich nicht fürchten.«

»Du sollst deinen Vater und deine Mutter ehren!«

»Ehren – wohl! Und Respekt haben. Das nennt man Ehrfurcht – Ehr-Furcht. Aber *bloß* Furcht, das ist falsch und schlecht und feig. Und ich will es nicht länger.«

»Ich glaube wohl, dass du recht hast. Aber übereile nichts. Und jedenfalls nicht heute. Du weißt ...«

Und in diesem Moment schlug der Hund an und verkündete uns die Ankunft des Vaters. Beide huschten wir ins Haus, umso mehr, als wir uns nach dem eben geführten Gespräch unfähig fühlten, eine rechte Freude bei des Vaters Ankunft zu fühlen. Trotzdem war mir, als wäre ich in den letzten Minuten plötzlich erwachsen geworden. Wie soll ich sagen? Also ... ja, ja. Ich fühlte mich meinem Vater ebenbürtig.

»Hier ist der Schlüssel, Martin. Und nun geh in den Keller und hole eine von den weißgesiegelten, a bah, bring lieber gleich zwei, da wird einem wärmer ums Herz, wenn's nur *hier* stimmt und der Katechismus in Ordnung und der Wandel und die gute Sitt'... Nun geh schon, Martin. Aber sieh dich vor bei der drittletzten Stufe, die liegt nicht fest und zerschlage mir nichts, denn ich bin abergläubisch und soll mir an meinem Geburtstag nichts in Scherben gehen.«

Und so versammelten wir uns denn alle in der Stube. Der Vater war bester Laune, er meinte, die Preußen würden bald wieder Krieg führen, die könnten ohne Krieg nicht sein. Und dass die Gräfin oben im Schloss katholisch werden wolle und dass daran nur der alte Kamm-Melcher schuld sein könne, weil er jeden Abend da oben steckt und seinen Mischmasch von Weisheit und Unsinn über Sörgels Kopf hinweg zum besten gäbe. Aber all diese Heimlichkeit sei Unrecht und das Unrecht müsse heraus, so oder so, jedes Unrecht *wolle* auch heraus und könne die Verborgenheit nicht aushalten. Und tritt irgendwann selbst hervor – das Unrecht – und sagt: Hier bin ich. So habe er – der Vater – es immer gefunden, bei den Soldaten schon. Aber das hätte er uns bestimmt schon das wiederholte Mal erzählt und so alt sei er noch nicht, dass er sich wiederhole und ständig von dem »Alten« spreche und Vergangenheiten, aber für *ein* Altes sei er, und das sei der alte Wein in seinem Keller und wann wäre wohl Anlass, wenn nicht heute.

»Martin, wo bleibst du?«

Und wir stießen an auf ein glückliches Jahr. Nur Hilde nicht. Aber darin versah sie's und der Alte sagte:

»Wer nicht austrinkt, meint es nicht gut. Du hast nur genippt, Hilde. Wer mein Liebling sein will, muss austrinken. Werde nur nicht rot. Der Martin gönnt dir's und die Grissel auch.«

Und dann kam er ins Schwätzen, der Vater. Wo der Wein herstammt und dass er noch vom seligen Grafen sei, seinem gnädigen alten Herrn, der auch drüben unterm Stein liege, lange vor der Zeit, weil ihm das mit dem *jungen* Grafen das Herz gebrochen hätte.

Und da unterbricht er sich, mit dem jungen Grafen ist es bei uns zu Haus immer eine große Heimlichkeit. Nach einem Blick auf die Hilde fährt er fort:

»Ja, das mit dem *jungen*, das war ihm zuviel. Und als ihn die Halberstädter anbrachten, immer mit Trommeln und Pfeifen – denn anderes hatten sie nicht, weil die richtige Musik mit zu Felde war – und es immer so wirbelte durch ganz Emmerode hin, an dem Kirchhof und dem Stachelginster vorbei, bis an die Kirche, die schwarz ausgeschlagen war, und brannten viele Lichter, aber keine Gesangsbuchnummer an der Tafel und bloß die Orgel spielte – da war es dem Alten doch zu viel und er hat's nicht lange mehr gemacht. Aber das sag' ich euch, das war ein Mann! Der hätte das nicht geduldet mit dem Kamm-Melcher und dem Katholischtun. Und als mein Ehrentag war mit deiner Mutter, Martin, die nun auch drüben schläft und vor Gott bestehen wird, da kam ein Flaschenkorb mit Wein herüber

und ein Zettel dran: ›Für den Hochzeiter und Heidereiter‹ –
und darunter stand: ›Auf gute Nachbarschaft‹. Ja: ›Auf gute
Nachbarschaft‹ hatte der gute gnädige Herr geschrieben
und alles eigene Handschrift! Und von dem Wein ist *dieser*.«

Und da macht er eine Pause, der Vater, und trinkt. Und
niemand redet dazwischen, weil wir alle wissen, dass er
gleich weiterreden will. So wenig er an anderen Tagen redete, so wenig wollte er heut damit aufhören. Es gefiel ihm
ganz offensichtlich, sich selber zuzuhören.

»Und es wäre nicht geschehen unter dem alten gnädigen Herrn, dass man mir den Titul nicht gegeben hätte.
Die Gräfin hat's mit Absicht nicht getan, weil für sie ein
Heidereiter nichts ist, als der das Bettel- und Weibsvolk
beim Reisigsammeln aufbringt und ins Spinnhaus sperrt.
Aber das ist nichts für einen alten Soldaten wie mich, der
eine Büchse hat und immer ins Blatt trifft, Mensch oder
Tier. Aber das war's eben, das hat mich um die Reputation
gebracht, dass ich fester und flinker war als der Maus-Bugisch, und das hat mir die Gräfin nie verziehen. Und seht,
Kinder, auch das gehört zum Untertänigsein: dass man
sich kränken lassen muss; auch wenn man's jeden Tag auf's
Neue verwinden muss.«

Und wenn er das Thema hatte, das ihm wie ein Stachel
im Herz saß, dann wussten wir spätestens, dass es am Tisch
nichts weiter zu sagen und zu tun gab, als abzuwarten, bis
er des Räsonnierens überdrüssig oder müde wurde. Es vergingen überdies noch gut zwei Stunden, in der er die beiden Flaschen fast alleine leerte und dabei immer mehr ins
Rührselige kam.

»Komm, Hilde, sing! Was recht Hübsches und Trauriges, so was, das du letzten Geburtstag mit dem Martin zusammen gesungen hast. Das vom ›Junker von Falkenstein‹.
Oder was anderes.«

Und damit wussten wir, dass dies nun den letzten Teil

des Abends einläutete und wir hatten ein Einverständnis – die Hilde und ich – dass wir möglichst monoton und immer trauriger und noch trauriger singen wollten; desto schneller würde er schlafen. Am besten dazu eignete sich das ›Lied vom eifersüchtigen Knaben‹. Und auch Grissel trat nach der zweiten Strophe ihren Rückzug an, nicht zuletzt, weil sie am Samstagabend immer ihren ›Staat‹ vom Boden holte, da sie am Sonntag nicht gerne die Kirche versäumte. Und das war das Lustigste am Abend: der Hilde in die Augen zu schauen beim Singen und sich gemeinsam darüber zu freuen, wie der Vater ins Schnarchen kam.

»Ich kann und mag nicht sitzen,
Mag auch nicht lustig sein,
Mein Herz ist mir betrübet,
Feinslieb von wegen dein ...

Was zog er dir vom Finger?
Ein rotes Goldringlein ...
Du ließest es geschehen
Ring und du warst mein.

Er hat es sich genommen
Du sagtest ihm nicht ›nein‹
Ich war um dich betrogen
Zieh in die Welt und wein' ...«

Und schlichen die Treppe hinauf in unsere Kammern, die Hilde rechts, ich links. Und war eine helle Mondnacht und nur Hilde, ich und der Mond.

Grissel beobachtet sie.

Und war so stark der Wunsch in mir, die Hilde zu küssen. Nie hatte ich mich das getraut und wusste nicht, ob ich mich über meinen Wunsch schämen sollte, oder noch mehr darüber, es nicht und nie versucht zu haben. Und schon die Klinke in der Hand zu meiner Kammer wende ich mich um und seh' da auch die Hilde zögern und da war es wie ein gleicher Geist zwischen uns und wir kommen aufeinander zu und küssen uns.

Ich weiß nicht, ob mich die Hilde liebte. Aber jetzt, jetzt, da küsste sie mich und sie wollte mich küssen. Mich. Und das hat mir ein Glück ins Herz gesenkt, wie ich es vorher nicht und nicht nachher kannte. Und wer dieses Glück auch nur einmal erlebt, der kann niemand mehr gram sein. Keinem Menschen, keinem Schicksal. Nicht einmal Gott.

10

Sonntag früh

Bocholt erzählt

Die Grissel war's! Wer weiß, was geworden wäre, wenn sie mir nicht den Dorn ins Herz gesetzt hätte. Oh über die Weiberschläue!

»Was ist das hier wieder, Grissel! Das Tor vom Garten offen! Kann Joost nicht den Gang über den Hauptweg nehmen oder – wenn doch hier durch – dann wenigstens das Tor schließen und verriegeln?«

»S' ist nicht der Joost, s' ist unsre Hilde, die geht hier, wenn sie nach den Sieben Morgen will.«

»Und was hat sie da?«

»Nun, da sind ja doch unsre drei Küh' oben; und wenn's ihr passt, da setzt sie die Butt' auf den Kopf und den Arm in die Hüft' und heidi geht's in die Höh'. Und sie weiß wohl, es kleidet sie und das Mannsvolk sieht ihr nach ... Und das muss wahr sein, wenn sie so geht, so prall und drall, ist es gar nicht die Hilde mehr.«

Und hätt' ich doch gleich die Antwort gefunden und hätte ihr ein ›Nun denn soll's mich freuen‹ oder ›kümmere sie sich um ihre eigenen Dinge‹ oder ›hüte deine Zunge‹ entgegengeschleudert, so mag's dabei geblieben sein – aber ich war wie gelähmt von so viel Empörung, die sich in ihrem Herzen staute schon seit Jahren wohl, und da mein Zögern wohl auch von ein Teil Neugier begleitet war, wie sie sich wohl weiter auslassen möge, schwieg ich den Moment zu lange und dann musste alles herunter, was ihr auf der Seele brannte:

»Ja, Heidereiter, Ihr habt es selber so gewollt, als Ihr damals ein Fräulein aus ihr machen wolltet und als sie miteins zu gut für die Grissel war, obwohlen ich ehrlicher Leute Kind bin und einen richtigen Namen habe, was nicht jeder von sich sagen kann. Ja, ja, Heidereiter, damals, als sie mit eins die Kammer allein haben musst' und ich in die Küche kam oder doch dicht daneben. Und das alles mitten im Sommer und immer die warme Wand und die Sonne von vier Uhr morgens. Und sowie die Sonne da war, waren auch die Fliegen da und summten und brummten und waren auch Stechfliegen dabei und ich habe keine Nacht geschlafen.«

»Was soll das? Worauf willst du hinaus?«

»Dass Ihr selber schuld seid, Heidereiter, schuld mit Eurer neuen Einrichtung und mit allem. Du lieber Himmel, die Milchwirtschaft soll sie machen, ja das hat sich was mit Milchwirtschaft und ich möcht' sehen, wie's darum stünde ohne die Renschen und die Christel. Und unser Hildchen sitzt oben auf Sieben Morgen beim Kamm-Melcher und lässt sich katholisch machen. Und man weiß ja gar nicht mehr bei dem mit seinem Kamm und seinem Hochmut unterm Hut, ob er nun Hirt ist oder Papst – und Sörgel ist zu gut und lässt es geschehen und denkt nur immer: Es schadet nichts. Es schadet aber doch!«

»Wem? Der Hilde?«

»Ja, Hilde. Wem anders als Hilde? Den ganzen Tag ist das Püppchen oben und wenn nicht gerad Wind ist oder Regen, da priestert er ihr was vor und setzt ihr Raupen in den Kopf und erzählt vornehme Geschichten von Schloss und Rittersleut, und wenn sie dann wiederkommt, sieht sie sich um, als ob sie selber so was wär'. Und Martin ist auch immer mit dabei, muss ja dran vorüber, wenn er aus'm Wald kommt und da sitzen sie dann und haben ihr Konventikelchen, aber beim Martin hat's keine Not nicht, weil der sowieso immer bloß die Hilde angafft und vor lauter Brüderchen und Schwesterchen kein Wort versteht. Ja, ja,

Baltzer, seht mich nur an! Und ich weiß noch den Tag, als die Hilde zu uns ins Haus kam und Ihr da sagtet: ›Ihr sollt euch lieb haben – wollt ihr?‹ Und seht, Heidereiter, das ist auf guten Boden gefallen. Und immer wie Bruder und Schwester. Haha!«

Und damit war es heraus und die Grissel machte eine Pause.

»Höre, Grissel: Du bist eine hämische Person. Und ich habe dich für besser gehalten, als du bist. Du hast einen Hass gegen den alten Melcher, weil er – deinen Vater selig in Ehren – klüger ist als drei Kantoren oder Schulmeister zusammengenommen. Und was redest du da von den Kindern? Lass die Hilde! Wenn ihr der Melcher gefällt, so mag er ihr gefallen. Und ob er das Abendmahl gibt oder nicht, ist all eins. Und wenn die Gräfin es gehen lässt, so müssen wir's auch gehen lassen. Katholisch wird die Hilde nicht, und keiner nicht, denn der alte Melcher – mag ich ihn leiden oder nicht – ist von den strengen und festen Lutherschen und war letzte Woche nach Eisleben und nicht nach'm Eichsfeld. Und was ich da gestern bei der Flasche gesagt habe, dessen schäm' ich mich heut', und du, Grissel, wenn du deinem Vater im Grabe keine Schande machen willst, so schreib' dir das achte Gebot hinter die Ohren: Du sollst nicht falsch Zeugnis reden wider deinen Nächsten!«

»Oh, das kenn ich und halt es auch!«

»Und das mit dem Martin, das sagst du bloß, weil du mich ärgern willst und weil du meinst, dass ich mit der Hilde höher hinaus will. Ja, Grissel, das will ich auch! Und darin hast du recht: Es ist keiner hier herum von unserm Amt bis Ilseburg, dem ich sie gönne. Und auch dem Martin nicht. Er ist ein Jung und weiter nichts. Und dass er sie lieb hat, ist mir recht. Ich hab sie auch lieb und du hast sie wenigstens lieb gehabt. Aber du bist eine herrschsüchtige Person, und von dem Tag an, damals, als ich ... als wir

... also als wir den Diskurs hatten über die Hilde und ich gesagt habe, wir wollen es ändern und so soll es sein' von dem Tag an hast du sie gequält und bered't und hast sie's entgelten lassen. Aber du bringst sie nicht bei mir heraus. Und das mit Martin ist Kinderei.«

»Bruder und Schwester – haha!«, lachte die Grissel weiter und es war, als würde man in den hässlichsten Winkel ihrer Seele sehen. Und wie zum Zeichen läuteten in dem Augenblick die Glocken. Und alle machten sich auf in die Kirche.

Grissel drängt sich in die Erzählung

Grissel

Nein, es ist nicht die Art des Heidereiters zu lauschen. Aber ich hatte ihm den Stachel gesetzt und wenn der Mensch ein Geheimnis wo wittert, das über seinem eigenen Schicksal hängt, dann kommt er nicht fort wie der Fisch von der Angel. Und das war dann wohl der Tag, wo sich dem Heidereiter die Seele spaltete. Nun, Baltzer, erzählt weiter! Weiter!

Der Heidereiter horcht

Bocholt erzählt, von Grissel ergänzt

Es war der Freitag drauf, an welchem üblich, dass wir als Beamten und Verwalter aufs Schloss zum Rapport geladen waren. Immer um zehn begann es und war vorbei mit Glockenschlag zwölf, und jeder in meinem Hause wusste, dass ich nicht vor zwölfen daheim zu erwarten war.

Grissel
So ist es.

Bocholt
Die einz'ge Zeit war's in der Woche, wo sich die Kinder nicht vermuten mussten, dass ich plötzlich zwischen ihnen stehen und sie bei Faulheit oder Dollerei ertappen konnte …

Grissel
… was machte, dass sie sich seit Kindheit schon der zwei unbeobachteten Stunden freuten …

Bocholt
… was ich wohl wusste und nie machte es mich anders als im Innern schmunzeln.

Grissel
Nun denn, weiter!

Bocholt
Da die Gräfin krank und der Rapport entfallen war, kam ich an jenem Freitag früher als gewohnt und völlig arglos herab vom Schloss. Nur ein Gespräch mit einem alten Freunde hielt mich für kurze Zeit noch auf – und gegen elf bog ich von einer Seite um das Haus herum, die Martin

und Hilde nicht einsehen konnten. Die Kinder wähnten sich allein, saßen in der Sonne auf der Bank, und Hilde hatte dem Martin den Kopf auf die Schulter gelegt. Sie wirkte müd und glücklich.

Nein, ich bin nicht der Mann des Aufhorchens und Belauschens. Aber im Augenblicke stand vor meiner Seele, dass dies der einzige Moment sein würde, der mir Aufschluss geben würde, ob …

Grissel

… die Grissel recht hatte oder nicht – weiter!

Bocholt

Und so schlich ich leise, mich duckend und jedes Geräusch vermeidend wie ein Verbrecher in mein eigen Haus.

Und da meine Stube gerad auf die Bank hinausging, auf der Hilde und Martin saßen und sogar das Fenster des guten Wetters wegen offen, so war es mir ein Leichtes, verborgen hinter einem Vorhang jedes Wort zu hören, das Martin und Hilde wechselten. Ich hörte – und erstarrte.

Martin

»Und ich sag es ihm! Und wenn er nein sagt, was er eigentlich nicht darf, dann gehen wir in die weite Welt. Alle beid'. Du musst nur Mut haben.«

Grissel

Ich arbeitete im Garten und hörte es ebenso. Und ich hätte nichts hören müssen, allein sie zu sehen hätte mir gereicht. Hilde schwieg.

Martin

»Und weißt du, wo wir dann hingehen? Wir gehen zu dem preußischen König. Der kann immer Menschen brauchen, weil er immer Krieg hat. Aber wenn der Krieg aus ist, dann hat jeder gute Tage, weil er streng ist, aber auch gerecht.

Und wenn er merkt, dass ein Reicher einem Armen ein Unrecht getan hat, dann lässt er den Reichen einsperren. Und wenn's ein Graf ist.«

HILDE

»Nein, nein, Martin, es ist besser hier. Und ich will nicht, dass du Soldat wirst. Die wohnen alle unter einem Dach und frieren oder kommen um vor Hitze. Und wenn sie nicht gehorchen, dann werden sie totgeschossen. O Martin, das ist nichts für dich. Es ist ein Jammer und wir müssen warten und Geduld haben.«

MARTIN

»Ach Hilde, nur das nicht! Ich will auch nicht zu den Preußen, wenn du nicht willst. Aber rede nicht von Warten und Geduld. Immer Geduld und wieder Geduld. Immer bloß verstohlen sich sehen und nie ungestört, und so vielleicht auf Jahre noch. Aber ich wüsste schon, wie du mir zu Ruhe helfen und das Herz wieder froh machen könntest! Und dann, Hilde, ja *dann* wollt' ich auch Geduld haben und warten. Ein Wort nur! Ein einziges! Sag es ... Versprich mir ...«

HILDE

»Ich kann's nicht!«

MARTIN

»Du kannst schon, so du nur willst und mich lieb hast. Keiner sieht und hört uns hier. Und weißt du noch letzten Samstag, als wir das Lied gesungen haben und der Vater eingeschlafen ist? Hast du das vergessen?«

HILDE

»Wie du nur bist, ich hab' es *nicht* vergessen!«

Bocholt

Ich konnte die Kinder nicht sehen, aber ich spürte, dass Martin Hilde küsste.

Martin

»Sieh, Hilde, so will ich dich lieben, so! Und du sollst jetzt
nichts sagen, kein Wort, nicke nur leise mit dem Kopf.«

Bocholt

Das Herz brannte mir in meiner Brust wie eine glühende
Kohle, als ich ihre Antwort fühlte …

Martin

»Oh, nun ist alles gut! Heute also, *heute*!«

Hilde

»Um Gottes Willen nein! Ich will alles, was du willst, alles!
Nur nicht unter diesem Dach! Es wäre mein Tod. Ich kann
dir nicht sagen, wie sehr ich mich fürchte.«

Martin

»Wovor? Vor mir?«

Hilde

»Nein, vor ihm! Und er ist überall. Und dass ich dir's nur
gesteh: Es ist mir oft, als ob die Wände Ohren hätten; als
wär ein Auge beständig über mir, und 's ist nicht Gottes
Auge, nein, das fürcht ich nicht, *seines* ist es, das finster
glüht, auch wenn es freundlich sieht. Fühle nur, wie mir
das Herz schlägt und wie ich zittere.«

Martin

»Weil du mir's versprochen hast.«

Hilde

»Was?«

Martin

»Dass wir uns sehen. Nicht unter diesem Dach, ängstige
dich nicht, aber unter Gottes freiem Himmel. Oben, auf
Ellernklipp? Oder lieber auf Kunerts Kamp, da, wo deiner
Mutter Haus stand? Um sechs ist die Sonne weg, und da

komm ich und finde dich! Und vorher pflückst du Beeren
– es gibt ihrer noch – die rotesten.«

Bocholt

Und es war nicht nur Wut, was meine Eingeweide sengte,
nein, es war auch Lust. Und als könnte sie's spüren, fährt
Grissel dazwischen.

Grissel

»Hej, Joost, mach flink, 's is schon zwölfe, nu kann er jeden
Oogenblick wieda hier sin.«

Joost

»Issa ja längst! Er kam ja glei nach elven durchs Jestrüppe
und dann man imma dicht am Haus lang. Haste ihm denn
nich jesehn?«

Grissel

So, Heidereiter, wer hatt' nun recht?

Bocholt

Ich spürte noch, dass es die Kinder überlief wie ein Schock.

12

Auf Ellernklipp

Martin erzählt

Ich weiß jetzt, Vater, dass du uns damals belauscht hast. Und ich habe Zeit gehabt, darüber nachzudenken. Und indem ich das tue, fange ich an, dich kennenzulernen.

Du bist kein schlechter Mensch. Oder zumindest glaubst du das von dir. Du bist ein ehrlicher Mensch, gerade und gerecht ... oder ich weiß nicht, vielleicht ist das auch nur dein Glaube an dich, mit dem ich eben aufgewachsen bin. Vielleicht bist du ja doch ganz anders. Aber ich bin mir sicher, dass du – nach den belauschten Augenblicken – zuerst spazieren gegangen bist, vielleicht zur Sägemühle, und dich dort auf einen Stoß Bretter gesetzt hast und dir gesagt hast:

»Nichts. Nichts! Was ist denn geschehen? Sie lieben sich! Und warum sollten sie nicht? Bloß um deshalb nicht, weil ich ein Narr war und einen närrischen Plan hatte? Bloß um deshalb nicht, weil sie Bruder und Schwester sein sollen? Es ist ihr gutes Recht. Liebe steckt im Blut und muss auch Heimlichkeiten haben; das ist ihr Liebstes und Süßestes.«

Und dann, Vater, ich kenne dich doch recht gut: Du sagst dir das Gute und Rechte vor, und wenn du dich dann vergewissert hast, dass du ja alles richtig und gerecht siehst, dann kommt *das* in dich und ergreift Besitz von dir, wovor ich mich mein Leben lang gefürchtet habe. Es ist dein Zorn, ein fast heiliger, unerklärlicher Zorn, eben *dein* Zorn. Und dann weiß niemand, was du tust. Du weißt es selber nicht.

Aber dein Zorn hatte noch ein anderes Gefühl bei sich, ein Gefühl, das du nicht kanntest und das dich hilflos machte: Eifersucht. Du hast dich geschämt, du hast dich auch selbst beschuldigt und dir gesagt: Ich hab sie belauscht, ich hab es wissen wollen – nun weiß ich's!

Aber du bist nicht der Mann kalten Blutes. Und während du da so gesessen hast, an der Sägemühle und wie das Sägewerk mit seinem scharfen schrillen Ton da immer auf und ab ging und einen eingespannten Baumstamm schnitt, da war dir zumute, als zerschnitt die Säge dich selbst.

Und das war dir neu. Aber wohin? Das Bedürfnis, sich mit jemandem aussprechen zu müssen, eine Bedrückung zu teilen, ein Vertrauen, ein Anlehnen, eine Zuwendung zu brauchen, dass dir jemand die Hand reiche, dass dich jemand – vielleicht auch das – in den Arm nähme. Das wolltest du nicht. So etwas brauchtest du nie, warst immer stark und hart in deinem Leben, hast diejenigen verachtet, die sich da Rat und Beistand holen wollten bei Freunden, dem Pastor oder Gott.

Wohin also? Zu Sörgel? Zu Melcher? Stolz bist du, Papa, willst dir von niemand in die Seele schauen lassen. Und bist zu den Toten gegangen, zu Mama, über die wir nicht mehr gesprochen haben, seit wir sie beerdigt hatten und seit die Hilde bei uns im Haus war. Und hast die Levkojen und Reseda gesehen auf dem Grab der Mama und waren es dieselben Blumen, die Hilde dir in die Geburtstagsgirlande geflochten hatte, und wieder war die Hilde neben dir und konntest sie nicht vergessen, nicht der Mutter Grab sahst du, sondern wieder nur Hilde mit ihrem lieben Gesicht, so unschuldig, nichts wissend, alles verheißend.

Warum denken wir eigentlich, dass uns Frauen retten können?

Ich kann spüren, Vater, wie die Verzweiflung wuchs in dir. Was konntest du tun? Dich der Grissel anvertrauen? Beichten? Ha – nicht schon wieder den Weg der Schwäche, schließlich: Warum auch? Was hast du denn getan? Nichts! Es ist eher so, dass *dir* ein Leid getan ist, weshalb du leiden musst und nicht ein noch aus weißt. Und so lässt du es wachsen in deinem Herzen, den Zorn und die Eifersucht, und je stärker sie werden – das ist so – kommt ein Gefühl der Süße hinzu. Und wie eine Welle nimmt es dich mit, der lustvolle Schmerz um die Hilde, und lässt es dich ganz ausfüllen und kappst das letzte Seil, das dein Boot am Ufer hält und treibst hinaus auf das Meer, in den Sturm, in den Tod.

Weißt du noch, Papa, was Sörgel gesagt hat neulich bei seiner Predigt? Und wie du uns immer ermahnt hast, jener Worte stets zu gedenken? Wenn wir meinen, die Besinnung zu verlieren, dann sollen wir uns fragen, was das *Nächstliegende* ist. Und wenn das entschieden ist, so sollen wir's *tun* als unsere nächstliegende Pflicht. Denn: Im Gefühl erfüllter Pflicht liegt was Befreiendes. Was wäre nun dein Nächstliegendes gewesen? Was deine nächstliegende Pflicht? *Vater* zu sein. Wenn nicht ein liebender, so doch ein segnender …

Oh Papa, wärst du mir doch ein Vater gewesen! Gab es Momente, wo nur wir beide allein waren? Wo du länger zu mir gesprochen hast als: Mach dies, Junge, hol das, Junge, sei gescheit, Junge, vergiss nicht … Gab es so etwas wie *unsere* Momente? Ich kann mich nicht erinnern. Ich kann mich nicht erinnern, deine Hand jemals auf meiner Schulter gespürt zu haben, anerkennend, lobend, wie es ein Sohn eben braucht, von seinem Vater einmal gelobt zu werden. Deine Hand nicht, und dein Aug' auch nicht. Es ging über mich hinweg, und wenn wir uns begegneten, hast du dich abgewandt. Scheu, eilig, fast ängstlich. Warum eigentlich? Hast du mich verachtet? War ich so ein schlechter Sohn für dich? Vater?

Und nun? Du neidest mir die Hilde, haha! Du neidest mir das schöne, müde Geschöpf – und du weißt das auch. Ich hab sie und du nicht. Ist das meine Rache? Meine Rache an dir für all die Angst meiner Kindheit und die Verachtung, die du für mich hattest? Weißt du eigentlich, wie du mir im Traum erscheinst? Groß, finster, trüb, wie ein Dämon mit riesigen Füßen und ich habe Angst, dass du mich zertrittst. Und dann wechsele ich im Traum die Bilder, weil ich sonst ersticke, und sehe die Hilde und meine Liebe zu ihr in den Zeiten der Wiesen, am Bach, auf dem Eis. All mein Glück war die Hilde.

Ja, so ist es wohl. Ich bin glücklich. Du nicht. Ach Papa!

Als wir uns dann endlich trafen, auf Ellernklipp, kurz vor Diegels Mühle, da waren wir beide erschrocken, weißt du noch? Und weißt du auch, woher ich kam? Ja, ich hatte die Holzhauer gesprochen, denn das war meine tägliche Arbeit. Aber ja, *auch* ja, Vater, ich kam von Hilde. Und es war das erste Mal, dass wir uns spürten, dass wir uns küssten nicht wie Kinder, dass ich mich getraute, ihre Müdigkeit zu berühren, sie zu streicheln, sie zu entdecken – und sie hat die Augen geschlossen und mich gewähren lassen.

Ich weiß gar nicht, Vater, kennst du dieses Glück? Dieses Glück für einen Jungen? Nein, ich bin noch kein Mann, ich weiß das, ich bin ein Junge. Aber nach der ersten Zärtlichkeit, da wächst man in den Himmel.

Da standen wir nun, du und ich auf Ellernklipp. Der Abendhimmel rot, die schrägliegende Tanne wie ein unheimlicher Schattenriss davor. Rechts die Klippe, links der Abgrund. Und am Abgrund hin nur ein paar Steine.

Und wir waren beide erschrocken. Ich spürte deine Kälte, deine Wut. »Guten Abend«, hast du zu mir gesagt, so frostig, so abweisend. Was hab ich dir getan? »Wo kommst du her?«, hast du mich gefragt.

»Von den Holzknechten. Ich hab ihnen den Wochenlohn gezahlt.«

»Und bist sonst keinem begegnet?«

»Nein.«

»Auch der Hilde nicht?«

»Nein.«

»Und weißt auch nichts von ihr?«

»Ich denke, sie wird zu Haus sein oder bei dem Melcher Harms oben auf den Sieben Morgen.«

Und das war gelogen.

Und dann hast du mich gepackt. Ich sah Blitze in deinen Augen.

»Oder auf Kunerts Kamp! Oder bei der Muthe Rochussen Haus! Oder bei den roten Beeren! Wo hast du sie? Wo ist sie?«

»Lass mich los Vater!«

»Antworte, Bursche!«

»Ich weiß es nicht! Ich bin ihr nicht zum Vormund gesetzt! Ich bin nicht ihr Hüter!«

»Nein! Ihr Hüter bist du nicht! Aber ich will dir sagen, was du bist: ein Räuber, ein Dieb! Und ich will dir sagen, WO du bist: auf verbotener Fährte! Heraus mit der Sprache: Wo hast du sie? Und lüge nicht!«

»Ich lüge nicht!«

»Doch, doch! Lump, der du bist.«

Und dann: Vater! Wir beide rangen miteinander, wir kämpften! Sollte *das* der Moment sein, *unser* Moment, der Moment, den ich mir mit meinem Vater wünschte? Wie mit einem Gleichaltrigen auf dem Schulplatz zu raufen? Wo war deine Würde, Papa! Weißt du, wie erschrocken ich war? Wie bestürzt? Wie aller Schrecken mir in die Glieder fuhr, weil ich ja erst nur erahnen konnte, was in dir war, was dich so verletzt, so wütend, so erniedrigt hatte. Ich war erschrocken, ich kann dir nicht sagen, wie!

Und dann – oh wie schämte ich mich dafür: Ich war der Stärkere geworden! Du warst auf den Kiennadeln ausgeglitten und nahe am Abgrund niedergestürzt. Es war schrecklich, dich in dieser demütigenden Lage zu sehen. Vater! Komm zu dir! Bitte, bitte, mein Vater! Hier, nimm meine Hand, steh auf, lass uns nach Hause gehen, gib mir deine Hand, ich halte dich, ich bin dein Sohn!

Weißt du noch, was du gesagt hast? Ich trau mich gar nicht, es zu wiederholen. Weil du dich selbst beschrieben hast … Vater, wie konntest du nur? »Der Teufel ist dein Vater!«, hast du mir zugerufen.

»Der Teufel ist dein Vater … der Teufel ist dein Vater … der Teufel ist … dein Vater …«

Und hast meine Hand gefasst und mir gegen die Knie gestoßen und mich mit einem Ruck über dich hinweggezogen und ich habe mich überschlagen und stürzte mit ein paar Steinen in die Tiefe.

Und das war mein letztes Bild im Leben: im Fallen, du oben auf der Klippe, mir nachsehend. Und über dir der Vollmond, einen blutrote Scheibe.

Immer hab ich gewusst, dass ich dir nicht viel bedeutet habe. Aber was ich nicht wusste: dass ich dir *gar nichts* bedeutet habe. Das darf nicht sein. Vater? Ich bin dein Sohn! Hörst du mich? Vater? Vater! Vater!!!

13

Im Elsbruch

Hilde erzählt, dann Bocholt

Ganz leis, heimlich

Martin? Ich kann dich nicht mehr hören! Martin, wo bist du? Ich habe so Angst, Martin, lass mich nicht alleine! Ich sehe den Mond, wie er über uns stand, als wir uns auf der Treppe küssten, neulich, weißt du noch? Und jetzt steht er wieder da, so blutrot, als wolle er mir etwas erzählen. Martin, hörst du mich? Ich kann dich nicht mehr fühlen, ich habe solche Angst.

Der Vater kam nach Hause, ruhiger als sonst, legte Mantel und Hirschfänger ab und rauchte seine Pfeife. Und fragt: »Wo nur der Martin bleibt?« Und mir wird himmelangst, bin ich doch nicht sicher, was er weiß von uns oder ahnt …

»Der Junge hat keinen Appell!«, sagt der Vater, »und mir wär's recht, er ging' zu den Soldaten. Da lernt sich's. Was meinst du, Grissel?«

Es war etwas Unsichtbares in unserer Stube, das roch wie der Tod. Martin, so komm doch! Der Vater schimpft auf dich! »Nicht warten!«, sagt er, »er muss pünktlich sein. Wir wollen essen!« Martin, warum lässt du mich allein in meiner Angst? Grissel musste Feuer machen, weil den Heidereiter auf einmal so fröstelte. Und dann wurde die Suppe aufgetragen und dann musste ich beten und er mahnt mich und quält mich, weil ich so leise spräche und nicht dran glaubte an das Gebet und bin doch mit den Gedanken nur bei dir, Martin! Und oben in deiner Kammer schien der Vollmond durch das Fenster, ernster und größer als sonst, als würde er dich suchen. Und als der Heidereiter sagte am nächsten Morgen: »So, nun gehen wir ihn suchen!«, da war es mir, als rissen alle meine Nerven und ich stürzte dem Vater zu Füßen und gestand, dass wir uns gesehen, Martin, oben auf Kunerts-Kamp und die Sonne ging gerad unter. Und dass wir uns trennten, als es dunkelte, es musste mir von der Seele und wir wollten dich doch wiederfinden! Und dass du dann durch den Wald zu den Holzknechten bist und dass es da war, wo ich dich zum letzten Mal gesehen ...

Baltzer Bocholt übernimmt die Erzählung

Jetzt ist es entschieden und gibt kein Zurück. Jetzt hat das Böse mich im Griff. Ich bin ein Teufel. Was fühlt ein Teufel? Zuerst Angst, Angst davor, entdeckt zu werden, dass das Schwarze aufsteht, erkannt wird, sichtbar in meinen Augen, an meinen Händen, dass ich mich selbst verrate und an den Pranger stelle: Seht, DAS hat er getan! Baltzer Bocholt, der Heidereiter, Beispiel bis heute von guter Sitte, der unsere Gesetze hochhält gegen Wilderer und Diebe und alle Menschen, die niedrig stehen in eurer Ordnung.

Angst hat man als Teufel, dass die böse Tat durch die Tür tritt, dass du, Martin, nicht totgeschlagen bist auf dem Grund der Ellernklippe, sondern dich herschleppst durch die Nacht, in mein Haus, die Klinke drückst und vor uns stehst, blutüberströmt mit gespaltenem Schädel, mit gebrochenen Gliedern, das Bild meiner Tat, der Beweis der Schuld, aus der es kein Entrinnen gibt, kein Leugnen.

Die Nacht war schlaflos und ich fühlte mich nackt. Das Fenster schließen, die Vorhänge zu, damit der Mond, der dabei war, als du fielst, Martin, Sohn, mich nicht sieht, einziger Zeuge meiner Tat, des Kindsmords – ja, das ist das Wort, das auf mich zutrifft, Kindsmörder bin ich, der schwärzeste aller Teufel. Und so brannte mir der Mond mit seinem fahlen Licht wilde Bilder in das Gewissen. Und dann wieder riss ich das Fenster auf, um dich vielleicht zu sehen im Licht des Mondes, wie du dich schleppst über die Wiese, weil hören kann ich dich nicht im Gras ... Aber auf dem Weg musst du Geräusch machen, und was tue ich, wenn du dann da kommst in der stillen Nacht? Dann *wieder* nur du und ich. Du *oder* ich. Werde ich dich ins Haus geleiten und betten, vielleicht Verzeihung flehen von meinem Sohn, dass alles vergessen und ungeschehen sein soll? Oder werde ich die Axt nehmen und dich erschlagen, mein Werk vollenden, dich erwürgen, dich meucheln wie ein gemeiner Mörder, um alles Lebendige meiner Schande und Schuld zu ersticken im Blut?

Ich betete, du kämest nicht und alles wäre ausgestanden. Nein, das war nicht beten, das war flehen zu einer dunklen Macht. Nicht Gott, nicht Teufel – Schicksal vielleicht? Und starrte und starrte …

Dort lagst du also. Dort, im vorderen Elsbruch, und war mir, als sähe ich jeden Stamm und die Wasserlachen dazwischen. Und weil ich nicht weiter sehen wollte dein Bild im Elsbruch, sah ich zum Dorf hin, zur Seite. Mit dem Mond und dem Sternenhimmel darüber. Und als ich hinaufsah in den ewigen Frieden, da war mir, als stiege ein Engel des Friedens über dem Dorf hernieder und segne jedes Haus. Und kam nun näher meinem Haus und stieg höher und höher zum Elsbruche hin und senkte sich dort wieder, tiefer und tiefer, bis er zuletzt in den Wipfeln der Bäume verschwand. Zu wem kam er dort? Was wollt er?

Und da wusste ich, Martin: Jetzt löscht dein Leben aus.

Und als am nächsten Morgen die Suchtrupps loszogen, die natürlich nicht im moorigen Elsbruch suchten, weil sich dort niemand gern freiwillig hineintraut, weil der Ort als verrufen gilt, und die dann wiederkamen und dich nicht gefunden hatten, Martin, da erfand sich das Dorf eine Meinung und die war: Du wärest zu den Preußen gegangen. Weil ich mit dir zu streng gewesen wäre. Und ich würde das wissen aber nicht zeigen wollen und zwinge mich. – Und ich stand da und schwieg.

Denn seit ich dich liebe, ahne ich eine Welt, in der es nur Schreien gibt. In der wir unsere Haut verlieren und das Blut unsere Seele überschwemmt. Hilde. Du machst das mit mir. Ich bin alt, ich bin nicht alt, ich bin ewig. Wenn ich dich denke, bin ich der Sturm, hinwegfegend über Emmerode und Ilseburg mit sich fortnehmend, hin, wo die Schlachtfelder sind. Wo sich die Toten erheben, seit ich dich liebe und lachen und singen das Lied von den jungen Mädchen, und ihre Gewehre sind Instrumente und jeder Schuss eine Harmonie. Und ich bin der Schritt und der Rhythmus und stehe in der Mitte und drehe um mich das Feuer.

Seht, ich bin eine Flamme!

GRISSEL
»Holt den Kamm-Melcher!«

HILDE
»Ist der Vater tot?«

Bocholt weiter im Wahn

Bald wirst du verstehen, bald! Denn du hast mich entzündet, du bist meine Königin, du stehst auf dem Berg und leuchtest über alles, du bist so schön und jeder sehnt sich nach dir. Siehst du? Siehst du? Aber du gehörst mir, mir, mir.

»Es ist vom Blut, Vater Melcher. Ihr müsst ihm zur Ader lassen.«

»Nein. Es ist ein Fieber. Und wir dürfen's nicht stören. Er muss Ruhe haben und Luft und Schlaf, oder er stirbt. Ich wache bei ihm.«

Alt werden ist, wie schon halb in der Erde stecken und immer tiefer sinken. Sie schließen den Sarg über dir, und sehen doch noch den Glanz in deinen Augen und lachen darüber. Sie werfen dir Sand ins Gesicht und sehen noch deine Tränen – und es kümmert sie nicht. Man muss sich wehren gegen das Altwerden! Der Maus-Bugisch hat's erfahren – und wenn ich alles vernichtet habe, wenn ich in den Himmel gelodert bin, dann reichst du mir die Hand, dann trittst du zu mir, in mein Feuer und um uns herum nur Paradies. Hilde! Ich bin dein Narr, ich verliere den Verstand für dich, und du wirst keine Sehnsucht mehr haben nach kleinen Jungs, denn dann entzünde ich dich und du wirst wissen, wozu du bestimmt bist. Kein Sohn ist stärker als sein Vater! Dann – endlich – wirst du leuchten. Dann – endlich – wird deine Müdigkeit zerspringen wie eine Knospe und du wirst blühen für mich. Und niemand, der dir die Welt zeigt wie ich. Niemand, der dir dich zeigt wie ich. Und dann explodieren wir.

14

Drei Jahre später
Die Gräfin erzählt

Und wieder hatte sich nichts verändert. Drei Jahre war es her, dass Bocholt's Martin zu den Preußen gegangen war – worüber der Heidereiter in eine schwere Krankheit fiel. Herbst war es jetzt wieder, die Berglehnen hüben wie drüben standen in Rot und Gelb, die Sommerfäden zogen und der Rauch aus den Häusern stieg geradauf in die klare, stille Luft.

Was interessiert mich des Heidereiters Sohn? So wenig wie der Heidereiter selbst. Einzig Hilde ... ist ein Geschöpf, das ich gern sehe. Dabei liebe ich die Gleichmäßigkeit der Tage, die – weil sie so gleichmäßig dahinlaufen – dem Gedächtnis ebenso ruhig und gleichmäßig entschwinden. Mein Gedächtnis ist voll mit Erinnerungen bis zu jenem Tag, an dem sie mir meinen Sohn brachten, gefallen vor Prag. Mein einziges Kind. Es gibt nichts, an das ich mich seitdem erinnern kann.

Naja, vielleicht doch. *Ein* Tag in diesen letzten drei Jahren. Da konnte man das Dorf hören. Wie schön sie gewesen sei – und wie blass. Und was es für ein Glück für sie sei, dass sie *ihn* bekommen habe. Denn was habe sie denn schon mitgebracht in die Ehe? Natürlich die langen Wimpern. Und das rote Haar. Bloß, woher hat sie das wohl? Von der Muthe nicht, die war schwarz und auch von dem Rochussen nicht, der war pechschwarz. Und so kichern sie und schauen mit heimlichen Blicken zum Schloss hoch, zu mir, und sie wissen, dass ich alles höre und alles sehe.

Am Tag der Hochzeit hatte ich Besuch. Junges Volk, Offiziere aus dem Regiment meines Mannes – Gott hab ihn selig. Das, was sich Gesellschaft nennt, hat beschlossen, mich nicht zu vergessen. Und neugierig ist dieses Volk! »Was? Ein Fünfzigjähriger und sie fast noch ein Kind?« Darüber lässt sich gut lachen. Gut dass ich auch den Melcher Harms geladen hatte. Der den Heidereiter damals aus der schweren Krankheit gerettet, ihn jede Nacht an seinem Bett gegen den Tod verteidigt hatte. Melcher Harms weiß mehr über uns als wir selbst.

ERSTER OFFIZIER
»Aber heißt es nicht, dass sie eigentlich den Sohn geliebt hat, den Martin? Der plötzlich verschwunden war. Was ist mit dem?«

ZWEITER OFFIZIER
»Man hat ihn ausrufen lassen in allen Amtsblättern und Gazetten – ohne dass er ein Zeichen seines Lebens gegeben hätte …«

DRITTER OFFIZIER
»… und ist nun für tot befunden und erklärt. Wenn er nun wiederkommt?«

MELCHER HARMS
»Er wird nicht wiederkommen.«

ERSTER OFFIZIER
»So wisst ihr, dass er tot ist?«

MELCHER HARMS
»Ja.«

ZWEITER OFFIZIER
»Na dann. Es sind die schlechtesten Ehen nicht, wo der Mann um vieles älter als die Frau ist und gleich auch als ihr Erzieher wirkt. Der Heidereiter hat ein Ansehn – und wird sie nicht an den Altar gezwungen haben.«

Da Melcher Harms schwieg, frug ich nach:

GRÄFIN

»Wenn Ihr es anders wisst, so sagt es bitte. Ich hab eine Teilnahme für das Kind. Ich meine – für die junge Frau.«

MELCHER HARMS

»Gezwungen nicht, und doch ist es Zwang.«

GRÄFIN

»Ich bitte Euch, sprecht deutlicher.«

MELCHER HARMS

»Nun denn, Gräfin, sie hat nie vergessen, was er für sie getan. Aber zugleich auch ist sie die Furcht vor ihm nie losgeworden. Und aus Furcht und Dankbarkeit ist es gekommen, und aus Furcht und Dankbarkeit hat sie Ja gesagt.«

DRITTER OFFIZIER

»Auch sagt man, sei sie müd und matt. Im Dorf sei keiner, dem sie's nicht angetan, und habe selber doch kein Herz und keine Liebe.«

MELCHER HARMS

»Wer das sagt, hat sie gut gekannt. Jedoch nur halb. S' ist eine sehnsüchtige Natur, die Liebe will. Auch irdische Liebe. Danach trachtet sie durch Jahr und Tag und wartet drauf und wartet noch. Und weil sie's auf Erden nicht finden wird, so wird sie's suchen lernen dort oben und wird sich klären und in himmlischer Liebe leben und sterben. Und wird ein Engel sein auf Erden. Ich sehe ihre Zukunft deutlich, und sehe nichts von Schuld und Schwäche. Ewig und unwandelbar ist das Gesetz. Ja, Gräfin, eine Gebenedeite wird sie sein. Und wird die Kraft haben, viel manchen von uns freizubeten, zumal auch *einen*, den ich heut' nicht nennen will.«

Dies sagte er mit dem Leuchteblick des echten Konventiklers, und in der Pause, die drauf folgte, braute sich – so konnt' ich spüren – Spott zusammen.

ERSTER OFFIZIER
»Bravo!«

ZWEITER OFFIZIER
»Das Orakel von Emmerode hat gesprochen!«

DRITTER OFFIZIER
»Wobei ich das Schätzchen himmlisch wie irdisch sehr ent-
behrlich finde. Wer mag schon, wenn ums Hochzeitsbett
die Engel fliegen!«

Und in dem derben Lachen, das nun folgte, war ich wieder
einmal froh, alt zu sein und einsam. Nur Hilde tat mir leid.

15

Das kranke Kind

Hilde erzählt

Mama – denkst du noch an mich? Ich habe ein Kind bekommen, ein kleines Knäblein! Stell dir vor! Es hat das rotblonde Haar von mir und ist das einzige auf der Welt, was zu mir gehört und meine Familie ist.

Aber es ist krank! Schon bei der Geburt sagte die weise Frau: »Es wird nicht alt. Es ist zu hübsch und zu durchsichtig und sieht aus, als wüsst' es alles.« Die Worte waren zum Vater gesprochen, weil man dachte, ich schliefe, aber ich habe sie doch gehört.

Mama, was meint die Frau, wenn sie sagt, das Kind wüsste alles? Was soll es wissen? Was kann es wissen? Was weiß *ich* nicht? Kannst du mir antworten?

Ich lebe nur noch dem Kind. Bitte, bitte, mein Kleines, verlass mich nicht! Besser ist mein Verhältnis zur Grissel geworden. Neulich schickt sie mich in den Garten und nimmt sich das Kind und singt ihm das »Buküken von Halberstadt« und schaukelt die Wiege und da war es, als wolle sie ihm was von ihrer eigenen Lebenskraft einsingen und ist auch überhaupt jetzt sehr lieb mit mir und dem Kinde. Nur dass sie das Kleine in heiße Tücher eingewickelt hatte und Melcher Harms kam und sagte, das wäre das Verkehrte, sie solle ihm einen Mansfelder Taler auf die Herzgrube legen und wenn er da drei Vaterunser lang gelegen hat, dann solle sie einen neuen hinlegen. Das hat geholfen – zumindest auf einige Wochen.

Der Vater ist weicher geworden und eigentlich kommen wir miteinander aus, nur dass er den Melcher Harms nicht im Haus sehen will. Als hätte er eine Scheu vor ihm und ich weiß nicht, warum. Aber er ist der Einzige, der helfen kann! Ich will mich gern in allem unterwerfen, aber wenn ich sehe, wie mich mein Kleines anschaut mit den Äugelein, da war mir alles egal und ich bin zum Melcher Harms auf die Weide.

»Ihr seid so klug, Melcher Harms. Macht es mir wieder gesund. Seht, es ist mein Ein und Alles. Ich leb ja nur noch, dass ich ihm mit Tränen und Küssen den Blick wegschaffe. Und dass es mal lächelt ohne Klag' und Vorwurf.«

»Da hilft kein Kraut, Hilde, von dem ich weiß.«

»So betet es gesund!«

»Es ist nicht wohlgetan, es eigensinnig von Gott abringen zu wollen. Er willfährt uns widerwillig, denn das Gebet ist mächtig mitunter, aber ich habe noch keinen Segen davon gesehen. Nein, Hilde, lass es. Aber irdisch Wissen und irdische Mittel sind erlaubt. Fahr zu dem alten Schliephake rüber nach Ilseburg. Wenn wer helfen kann, dann der. Aber eile dich und sag deinem Mann nicht, dass ich dir's geraten habe. Er glaubt, ich führe Übles gegen ihn im Schilde. Darum nenn meinen Namen nicht. Du bist ja 'ne Frau und wirst dir zu helfen wissen.«

16

Eine Fahrt nach Ilseburg

Bocholt erzählt

Auf nach Ilseburg! Endlich mal raus hier und nicht immer das Elend zu Haus mit dem Kind, das nicht leben will. Na vielleicht verhilft ihm der alte Schliephake zum Leben, auch wenn Grissel nicht daran glauben will.

GRISSEL
»Der olle Schliephake, klug isser, aber der kann ooch nicht vill machen.«

JOOST
»Warum nich?«

GRISSEL
»Weil unserm Lütten det Licht ausjeht. Weeste, wat ick diese Nacht jeträumt hab?«

JOOST
»Nee. Woher soll ick?«

GRISSEL
»Von nem Sarg. Und der stand bei uns uffn Flur.«

JOOST
»Und wer lag drin?«

GRISSEL
»Det konnt ick nich sehn. Mal war der janz lütt und ick dacht' an unsern Kleenen. Un dann warer ooch wieder janz groß.«

JOOST
»Man saacht ja, dit bedeutet immer wat Jutes.«

»Ja, vor zwölfen!«

Es erleichtert mich, den Schluss zu erzählen. Ich will es kurz machen. Wir nahmen Rast in einem Wirtshaus und fanden schließlich auch Schliephake in seinem Haus; und als Hilde ihm alles unter einem Strom von Tränen erzählt hat, und als er dem Kind den Atem und das kleine Herzchen untersucht hat, da schickt er die Mutter nach draußen und behält nur mich im Raum. Und sagt:

»Ich mag es ihr nicht sagen – aber Ihr, Bocholt, müsst es hören können: Das Kind muss sterben.«

Merkwürdig. Mir war es vollkommen egal.

»Warum sterben?«

»Weil es kein Leben hat. Es ist welk, so welk, dass jede Stunde Leben ein Wunder ist.«

»Aber ich bin ein gesunder Mann und habe eine junge Frau.«

»Ja, Eure fünfzig haben Euch nicht viel getan und es stimmt noch in Brust und Rückgrat – aber wie steht es hier?«

Und er deutet auf meine Brust.

»Wer liest schon in anderer Leute Herzen, aber das will ich Euch sagen: Auf das Herz kommt es an, das Herz entscheidet. Und wo Freude wohnt, da gibt es Leben, und wo Leid wohnt, da gibt es Tod. Und das Leid hat eine große Gevatterschaft: Angst und Not und Kummer und Reu. Und wenn Ihr so feste Rippen hättet wie der Halberstädter Roland und es zehrt was am Herzen, so ist es aus mit Eurer Kraft. Und Eures Kindes Herz ist krank – und es muss sterben.«

Und dann schrieb er mir etwas auf zum Schein, um die Hilde zu beruhigen. Und dann war ich wieder draußen in der Stadt und war etwas wie betäubt. Und hatte mich gefreut auf das Schießen draußen auf der Wiese, wo sie Buden aufgebaut hatten und einen Jahrmarkt. Und traf

Leute, die ich von früher kannte und schoss und hatte nur Fehlschüsse und war immer noch wie betäubt und alles redete wie von ferne mit mir. Und wollte doch dem Kinde ein Spielzeug gewinnen, aber selbst beim Würfeln blieb ich jedes Mal unter zehn, und bevor der Ärger kam und der Jähzorn, hab ich dem Kind ein Spielzeug gekauft und ging zurück in das Wirtshaus zur Frau. Und da waren noch ein paar Ilseburger, die mit mir Freundschaft hielten und es tat mir gut, mit ihnen von Krieg und Frieden und den hannoverschen Rotröcken zu erzählen und schließlich beim dritten Bier auch von Diegels Mühle, die ja nun verkauft werden soll und auf siebentausend Gulden werde man wohl kommen oder noch höher, weil ja das ganze Elsbruch dazu gehöre, mitsamt dem Kamp und Ellernklipp.

Und als das Wort Ellernklipp gefallen war, beugt sich einer von den Osterodern rüber zu mir und fragt:

»Is das denn wahr, was die Leute sagen? Dass es spukt uff Ellernklipp? Und schreit und ruft?«

Und es fasst ein Schwindel nach mir und ich muss mich beherrschen. Und kann doch noch »Unsinn« sagen. »Was ruft es denn?«

»›Vater‹ ruft es. Immer nur dat eene!«

Jetzt wusste ich, ich muss nach Hause. Schnell. Allein sein, ins Bett, schlafen. Allein sein. Keine Menschen, keine Frau, nur ich. Schnell nach Hause, solange ich noch gehe und stehe. Sonst falle ich.

Und mache mich stark und sage in die Runde, und einige kommen mit des Weges und stimmen mir zu:

»Auf! Es wird Zeit. Nach Hause!«

17

Wieder auf Ellernklipp

Martin erzählt, dann Hilde

Ach Vater – so war es nicht gemeint! Was bist du für ein ungeschickter Mensch! Vater? Hier, wo ich bin, ist Frieden. Kein Zorn, keine Angst. Auch keine Liebe. Aber eine Helligkeit, eine Gleichheit. Und man sieht … Den ganzen Tag kann ich sehen, manchmal sehe ich die Dinge sogar gleichzeitig, das ist lustig! Und was war und ist und sein wird, fällt wie Schneeflocken auf das Land, zufällig und weich. Gerad eben sehe ich … wie du mit der Hilde nach Ilseburg fährst. Und wie das Kindchen sterben muss. Ich kann nicht sagen, dass es mir leid tut – ich sehe es einfach. Und wie ihr nach Haus fahrt und wie du durcheinander bist und so gar nicht sortiert im Herzen und nicht weißt, was du denken und fühlen sollst und immerzu lachst. Du hast Angst, Vater, Angst vor mir. Angst vor der Stelle, an der du mich in den Abgrund gestoßen hast. Das ist lustig! Aber das musst du nicht. Ich würde gerne mit dir reden, dir sagen, dass du dir keine Sorgen machen musst und dass wir uns wiedersehen werden und alles klaren können. Ich möchte gerne, dass du das weißt.

Kannst du mich vielleicht hören? Ich sehe dich, da! Da! Ich höre dich – ich bin hier. *Hier*!

Schau, da ziehst du mit dem Karren von Ilseburg wieder nach Hause und ist auch viel Emmeroder Volk dabei. Vom Markt kommen sie und lachen und singen. Und es freut mich, das Lied zu hören, das ich mit Hilde zu deinem Geburtstag gesungen habe – weißt du noch?

grölt

> »Ich kann und mag nicht sitzen,
> Mag auch nicht lustig sein,
> Mein Herz ist mir betrübet,
> Feinslieb von wegen dein …
> Er nahm aus seinen Taschen
> Ein Messer spitz und rot
> Ach, reicher Gott im Himmel,
> Wie bitter ist mein Tod.«

Und da hast du es eilig und willst schnell an der Stelle vorbei, unserer Stelle, Vater. Warum? Warum besuchst du mich nicht? Jeder geht auf den Kirchhof, dorthin, wo seine Lieben begraben sind. Keiner kommt zu mir. Das macht mich traurig. Du, Vater, bist der Einzige, der weiß, wo ich bin. Du, Vater, müsstest kommen, musst kommen. Komm. Ich nehme es dir übel sonst.

Und treibst die Karre an! Ha, sieh doch, wie schlecht der Weg beschaffen ist! Sieh doch die Steine quer rüber und die Wurzeln … und auch wenn eure Achsen und Räder aus gutem Harzer Holz gebaut sind, wie du immer sagst, Vater, das halten sie nicht aus, das weiß ich, sieh doch – kracks, haha! – da ist sie futsch, die Achse, wäre die Hilde fast runtergefallen mit dem Kinde. Siehst du, ich sag's doch! Warum hörst du nicht auf mich?

Es ist gut so, Vater. Schick die Hilde nach Hause, schick alle nach Hause, sieh, deinen Wagen bringst du nicht weg und ist genau die Stelle, wo wir uns das letzte Mal gesehen haben. Bleib bei mir, einen Moment. Weiß du, es ist doch alles gut mit uns. Du hast die Hilde geliebt mit der Liebe des Alters, was die Liebe des Wahnsinns ist, ich verstehe das, Vater! Und die Hilde ist so viel schöner als ich, so viel interessanter als ich, so viel klüger als ich – das weiß ich doch, Vater! Ich wusste doch immer, dass ich dir nicht viel bedeutete! Das ist doch kein Problem, Vater.

Vater? Nur eine Frage beschäftigt mich: Wie kann es sein, dass ich dir *gar nichts* bedeutet habe? Wo ich doch dein Sohn bin. Dein Kind! Muss man sein Kind nicht schützen, auch wenn es groß ist, erwachsen? Muss man nicht selbst zurückstehen, wenn das Kind etwas schafft, etwas baut, etwas will, etwas liebt? Wie konnte ich dir so *gar nichts* bedeuten, dass du mich töten konntest? In dem Moment, als ich versuchte, dich zu halten? Du hast mich ermordet, Vater! Wie kann ein Vater sein Kind morden? Das verstehe ich nicht.

Bleib bei mir, Vater! Siehst du, den Wagen reparierst du nicht. Nun kannst du nicht fort. Setz dich. Wir wollen plaudern. Denk doch ein bisschen an mich, Vater! Das würde mich freuen! Weißt du, ich wollte dir noch was sagen: Die Hilde hat mir nicht viel bedeutet in meinem Leben. Der Mensch, der mir am meisten etwas bedeutet hat, bist du. Du bist mein Papa. Jedes Kind liebt seinen Papa. Das muss so sein, das kann gar nicht anders. Und so ich dich auch. Ich liebe dich, Papa. Mein Vater. Hörst du mich? Vater? Vater!

Nein – tu das nicht! Bitte nicht, es ist nicht nötig! Vater! Himmelherrgott, es hat Zeit und es gibt einen Ort, an dem wir uns versöhnen können. Sei nicht schon wieder so ungeschickt, so düster, so dramatisch ... versuch doch einfach zu verstehen, Vater. Nein – bitte bitte nicht! Du musst das nicht tun! Du machst mich unglücklich damit, du machst mich schuldig, es ist nicht gut! Vater: *Bitte nicht!* Vater? Vater? *Vater!!!*

Es fällt ein Schuss.

Hilde übernimmt die Erzählung

Joost
»Haste det ooch jehört? Wat war'n det? Klang wie'n Schuss!«

Grissel
»Na und wenn? S' is doch Jagdzeit und die uffn Schloss oben ham Besuch! – Sieh ma, da kommt de Hilde mit's Kleene im Arm ... na wat is'n da mit die schöne Kutsche passiert! Komm ma, Hildchen, komm ma rin und setz dir ans Feuer, jib ma det Kleene her, nu schau ma, schläft janz friedlich, ach Jottchen isset süß.«

Das waren die ersten Worte, die ich hörte, als ich zu Hause ankam, gleich nach dem Schuss im Wald. Und war ganz ruhig, und als der Heidereiter nicht nachkam, da sagte die Grissel: »Na is ja keen Wunder, da musser doch raus und hinterher, wenn wieder so n Wilderer unterwegs is in'n Wald. Ach Jottchen, keene Ruhe nich hat ma.«

Und es vergingen wohl zwei Stunden – und das Kindchen schlief und der Mond schien und es war Stille im Haus. Es ist immer friedlich, wenn der Vater nicht da ist. Aber je länger es währte, desto unruhiger wurde die Stille und der Frieden immer drückender, und endlich schickten wir den Joost auf Ellernklipp und er sollte den Vater suchen. Es war ungewöhnlich, dass er so lange fehlte.

Ich ging vor das Haus und da stand ich und wartete. Der Mond schien so hell und so eindringlich und stand so rund dort am Himmel, als wenn er sagen wolle: »Sieh.« Und dann sah ich, wie sich auf dem Weg her von Ellernklipp etwas bewegte, wie Schatten erst, und stand plötzlich der Tag wieder vor meiner Seele, wo sie den Maus-Bugisch auf eben diesem Weg herangeschleppt brachten, und eine Angst kroch mir ins Herz und wusste nicht mehr, was ich denken sollte.

Und je näher sie kamen, erkannte ich den Joost, der – als er meiner gewahr wurde – mich zurück ins Haus schicken wollte. Aber ich konnte mich nicht bewegen. Als hätte mir der Mond mit unsichtbarer Hand die Beine gefesselt. Und als dann endlich die Männer mit ihrer Last vor mir standen, da nahm meine Hand die Tannenzweige fort, die sie über das Antlitz des Toten gedeckt hatten und da sah ich den Vater, der mit ein paar Blutstropfen im Bart an mir vorbei ernst und finster in den Himmel starrte.

18

Ewig und unwandelbar ist das Gesetz
Die Gräfin erzählt, dann Sörgerl, dann Hilde

Ach Hilde! Bist du nun endlich frei? Der Alte war ein Unglückskerl, voll bis zum Rand mit der Schuld des Männlichen. Man braucht sie für Gesetz und Recht – aber wehe, man muss mit ihnen die Stube teilen! Bei so Männern wird selbst die Liebe zur Schuld. Alles. Darum, Hilde, ist noch in derselben Nacht dein Kind gestorben. Er hat es erzwungen von Gott, und so musste die Seele auch mit ihm wieder hinab. Ewig und unwandelbar ist das Gesetz.

Weine, Hilde, weine. Ich steh' am Fenster und sehe dich. Und fühle mit dir. So sind die Wege Gottes: Durch eine Trübsal kamst du in unser Haus – und nun bist du das Glück meiner Tage. Seit ich dich das erstemal auf dem Schlosse bei mir sah, hab ich dich ins Herz geschlossen. Wie kann ich anders? Du schaust mich an mit den Augen meines Sohnes. Wie lange weinst du jetzt? Drei Wochen? Deine Tränen sind noch immer frisch. Wie Quell. Und doch: Du spülst die Trauer nicht aus deinem Herzen, selbst wenn du noch drei Jahre weinst; sind deine Augen endlich trocken, wirst du nach innen weinen – und das ist schlimmer. Das ist mein Leben, seit mein Kind vor Prag gefallen ist. Das macht mir das Herz faul und schimmelig – und erst durch dich, erst jetzt, wird es friedlicher in meiner Brust. Ich hab mein Kind wiedergefunden in dir.

Joost

»Tja – so is nu. Nu hockt se janze Tage bei die Gräfin un wenn nich da, dann sitzt se am Grab von det Kleene und heult. Wat Weiber heulen können! Det jeht nu schon drei Wochen so.«

Grissel

»Det vastehste nich, weil de halt dumm bist wie Bohnenstroh.«

Joost

»Ja – da wa gerade dabei sin: Wat ick ooch nich verstehe, is, warum der olle Sörgel in seiner Trauerrede vonnem Heidereiter jesacht hat, der sei ›in'n Kampf jefallen‹. Der hat sich doch selber ...«

Grissel

»Pscht!«

Joost

»Ick hab's ja jesehen! Den Lauf in die Goschen und dann abje...«

Grissel

»Jetzt halt die Klappe, Joost, et jibt Dinge, über die red man nich. Und wenn Sörgel det sacht mit dem Kampf und den janzen Quatsch, dann isset so – vastehste?«

Joost

»Wenn ick ehrlich bin – nee. Und wat ick ooch nich vastehen tu, is, warum uns' Hilde den Ollen uff'm Friedhof nich neben seine erste Frau jelegt hat, sondern det kleene Wurm neben die Frau und den Ollen janz weit wech an'n Rand? Isse eifersüchtig uff die erste Frau und jönnt se die nich ihr'm Ollen im Tode? Oder wat!«

Grissel

»Joost, Joost, du hast ja keene Ahnung nich! Ick will grad nich behaupten, dass sich uns Hildchen freuen tut über den Ollen sein Dot, aber janz sicher bin ick mir, dass se ihn nich immer sehen will, wenn se zu det Kleene jeht.«

JOOST

»Un wie lange heult se nu noch? ’n Jahr oder wat meenste?
Und ob se sich wo nochma verheiraten tut?«

GRISSEL

»Ja wat soll se n machen? Hat ja nix und können tut se ooch
nix. Und kann ja nu ooch nich n Leben lang flennen. Det
jibt sich. Un dann macht se de Oogen wieder uff – un zu
un uff un zu un so weiter un klimpert mit de Wimpern un
det is dann wie so ne Klappe – un schwupp is wieder eener
drinne.«

JOOST

»Hm. Der könnt’ ja ei’m dann direkt leidtun, oder? Man
sacht doch: der Zweete lebt nich lang und hatt immer sei
Not.«

GRISSEL

»Der Zweete? Jo, da haste recht:
    Is heute rot und morgen dot.
    Aber der Dritte! Der hats wedder goot!«

JOOST

»Ja un warum der Dritte? Sie hat doch man grad unsern
ollen Baltzer jehabt.«

GRISSEL

»Na sa’ma, wat du Tomaten uffe Oogen hast – oder kannste
nich bis drei zählen? Der jetzt kommt, det is der Dritte, det
sach ich dir so sicher wiet Amen inne Kirche.«

JOOST

»Ach, meenste? Un wer war der Erste?«

GRISSEL

»Na denk ma scharf nach.«

Gräfin weiter

Hör nicht hin, meine Hilde. Komm, wir feiern Weihnachten! Komm auf mein Schloss, erzähl mir, es tut so wohl, dich reden zu hören. Wie war das mit der Krippe, die dir der Martin gebaut hat?

Komm auf den Balkon. Schau, mein liebes Kind: Wer leben will, muss einem Stern folgen. Siehst du den Stern dort oben, den großen, schönen, mit dem weißen Licht? Das ist unser Stern.

Pfarrer Sörgel erzählt weiter

Und Hilde erwachte zu neuem Leben, einem Leben, das nur Arbeit und Opfer kannte. Längst ahnte sie in ihrem Gemüt den Zusammenhang alles Geschehenen und *wie* der Heidereiter gestorben war und wohl auch um *was*. Aber dies alles war nicht der Grund, warum sie noch in demselben Frühsommer starb. Ihre Frische war Täuschung. Täuschung auch ihre bis zur Leidenschaft gesteigerte Wonne der Entsagung, und so fiel sie in ein Fieber, das ihr rasch die Kräfte wegzehrte, rascher als irgendwer glaubte – sie selber ausgenommen. Wie sie sich auch in Demut und Unterwerfung übte, so mag sie doch von sich selbst gewusst haben, dass dies nicht ihre Staffeln zur Himmelsleiter waren, die sie sich in ihrem Wesen immer nach Freiheit, Weite und Licht gesehnt hatte.

Grissel war es, die mir ihre letzten Worte brachte: »Lass. Ich weiß alles. Ich sterbe gern.« Und auf ihr Grab schrieben wir: »Ewig und unwandelbar ist das Gesetz«. So war es ihr Wunsch. Unter Betonung, dass sie selbst die Liebe Gottes erfahren habe.

Und damit lege ich ihre Geschichte hier zwischen die Seiten meines Kirchenbuches. Und weiß nicht, ob mit mir schließlich auch ihre Geschichte sterben wird. Und weiß auch nicht, ob überhaupt jemals jemand liest, was ich geschrieben habe.

Hilde erzählt weiter

Ach Mama. Ich könnte bestimmt noch weiterleben, aber ich habe keine Lust mehr. Es gibt nichts mehr um mich, das ich mag. Was die anderen tun, macht mich so müde, so traurig. Ich passe nicht mehr hierher. Wie soll man leben, wenn man nur noch verachtet?

Kommt jetzt noch was? Weißt du das? Mama?

Effi in der Unterwelt

Eine Party für großes Ensemble und eine Stadt

Anlässlich des 200. Geburtstags von Theodor Fontane

Personen:

Die Teufel
Voland, der Boss
Junker Satanael, Kanzler
Junker Abadonna, Erster Sekretär
Milleartifex, ein Rokokoist
Me Phis Tong, Kollege aus China
Phosphorus, sehr beweglicher Geist
Johnny Schaitan, Popstar und Hexenliebling
Little Lucifer, Punker, geißelt die Verdammten

Die Hexen
Dora Diabella, eine Hexe aus Neuruppin, Kreiskesselvorsitzende
Zarah Leander/Bärbel Wachholz/Mutter/Chorführerin: Conny
Krause (in einer Inszenierung der echte Name dieser Schauspie-
lerin)

Fontane-Frauen
Effi Briest
Josephine von Carayon
Victoire von Carayon
Hilde Bocholt
Cecile von St. Arnaud
Lene Nimptsch
Witwe Pittelkow
Stine
Grete Minde
Martha Fontane, genannt Mete

Fontane-Männer
Schach von Wuthenow
Baron von Instetten
Robert Gordon
Baltzer Bocholt
Botho von Rienäcker
Gerdt Minde
Graf Haldern
John Maynard

Frau aus dem Publikum
Tangotänzerinnen
Prof. Dr. Sigmund Leid
Prof. Dr. Albert Keinstein
Akihido Kondo
Fontane 1, 2, 3, 4, 5 und junger Fontane
Zwei Roboter W2-G2 und B2-P2
Ein Tenor
Ein Sopran
Männer zusätzlich für die Erschießung
Stimme aus der Regie (Megafon)

Vorspiel

Hektische Vorbereitungen der Teufel auf der Bühne. Die beiden Roboter müssen programmiert, Gäste geschminkt, Teufel aus Übersee begrüßt werden, es wird gestritten, gesungen in mehreren wirklichen und unwirklichen Sprachen, kontrolliert, eingerichtet, getrunken.

Dora Diabella, Kreiskesselvorsitzende und somit verantwortliche Sachbearbeiterin für den Bereich Neuruppin, wendet sich heimlich ans Publikum.

Dora

Meine Damen und Herren, Sie erinnern sich an unseren letzten Ball anno 1799 zu Ehren von Napoleon? Wer von Ihnen war damals dabei? Ah, Sie erinnern sich nicht, Sie erinnern sich nie! Also die Vergesslichkeit der Inkarnierten überrascht mich immer wieder. Dann muss ich Ihnen erklären:

Was Sie hier erleben, ist eine Sensation! Es ist eine Ehre für Sie, heute hier dabei sein zu dürfen. ER kommt. ER! Der König der Unterwelt! Roi des enfer, Monsieur Voland! Wissen Sie, was das heißt? Wissen Sie, wann ich den König der Unterwelt, Monsieur Voland, zuletzt gesehen habe? Am 14. Februar 1915, er ritt über das Schlachtfeld von Lyck und ich war abgesandt, hinter der Front einen Gasthof zu halten für die toten Soldaten, also erst für die Lebenden (sie wissen schon, die Todgeweihten, die noch einmal kurz vor ihrem … ja genau), und dann hab ich die Toten dort empfangen und an ihn weitergeschickt. Herrlich, hunderte, tausende – und der König hat gelächelt! Mich angelächelt! Verstehen Sie? Ich sehe ihn nicht öfter als alle hundert Jahre, zum ersten Mal haben wir zusammen die Perser bei Issos geschlagen, er hat damals Alexander den Großen unterstützt, Sie wissen schon, und ich war

seine Ballkönigin! Stateira, die Perserschlampe, hatten wir längst ins Feuer geworfen, es war ein Fall von Austausch, Sie verstehen. Und dann trafen wir uns im Jahre Null – oh war er da sauer! Die Geburt von diesem kleinen Zimmermann war mit ihm nicht abgesprochen, das war ein Alleingang der weißen Etage dort oben, nicht mit uns abgesprochen! Himmel, war er sauer! Und inkarnierte mich als Magdalena und ich sollte eigentlich diesen blassen jungen Mann in die Unterwelt holen. Aber was soll ich sagen: Ich habe mich verliebt! Er war so süß, und ... tja, dafür bin ich zu sehr *Frau*, aber das kennen Sie ja. Danach hat mich der König in die Administration versetzt, das ist so etwas wie die Hölle in der Hölle, und Administratoren werden nicht mehr inkarniert. Es ist wirklich ein schweres Leben, ein ... aber wem sage ich das? 1675 musste ich dann überall Bauernhöfe anzünden, damit die Leute dachten, es wären die Schweden gewesen und dann – na die Geschichte kennen Sie, das war ja hier ganz in der Nähe.
Wir in der administrativen Ebene sehen den König so gut wie gar nicht mehr, und dass ich ihn *heute, hier* ...

Tränen ersticken für einen Moment ihren Redefluss

... sehen darf, *wiedersehen werden,* das ist unglaublich, das bedeutet mir ... alles. Ja, alles. Wissen Sie, ich lebe für den König. Ich tue, was er sagt. Und wenn er mich nach Neuruppin schickt, um den Geburtstag von ... wie heißt er gleich? Na Sie wissen schon, zu organisieren, dann organisiere ich. Ich war schon in Athen, Rom, Paris, Waterloo – und jetzt bin ich in Neuruppin. Seit hm-Jahren. Ich wollte Ihnen schon längst ein bisschen Spaß bringen hier, aber wir werden ja heute so stark kontrolliert, dürfen gar nichts mehr, kein bisschen Zauber, kein bisschen Spuk, Sie vergessen glatt, dass es uns gibt! Übrigens: *Er* ist auch da. *Er* dort, Junker Samuel, unser Kanzler! Und der daneben, also *der* da: Das ist der Junker Abadonna, der Sekretär vom

Sekretär. Also was die sich den Geburtstag von diesem, na wie heißt er denn nun? – diesem Foto... Foto... Fotodor... – Wie bitte? Ja, danke!, Fontane alles kosten lassen, Donnerwetter! Da können Sie sich was drauf einbilden hier in Neuruppin, auch die Hölle feiert nicht immer so großzügig. Was war er gleich, General!? Nein, das war der andere ... Schriftsteller? Ja. Na Donnerwetter, umso erstaunlicher. Für einen Schriftsteller setzen sich Himmel und Hölle in Bewegung und nun gar nach Neuruppin, das ist selten, das passiert alle … Egal, das haben Sie ja sowieso gleich wieder vergessen. Ich hab ihn ja nicht gelesen, ich hab wenig Zeit zum ... also wenn ich ganz ehrlich bin, ich kann überhaupt nicht ... Sie wissen schon. Aber wenn der König kommt, also, der König! Entschuldigen Sie mich, ich muss noch sehen, dass die Engel keine Krümel auf den Kostümen haben. *Wir* in der administrativen Ebene sind ja sozusagen die Einzigen, die arbeiten. Aber wem sage ich das? Also: Viel Spaß, ja? Und toi, toi, toi!!!

MILLEARTIFEX
Mademoiselle Diabélle! Brauche ich noch Rouge auf Wange? Wo ist Maquillage in kleine Theater?

ABADONNA
Er kommt! Der König kommt! Ist der Kessel bereit?

DORA
Die quantenthermische Synapse spinnt!

ABADONNA
Teilchenbeschleuniger beschleunigen! Little Lucifer! Wo ist Little Lucifer?

Little Lucifer kommt und schlägt mit der Peitsche zwei Männer, barfuß, in Anzug und Krawatte, die eine sehr schwere Arbeit verrichten, z.B. einen Mühlstein drehen.

Wollt ihr wohl! Ihr lebenden Untoten, ihr Verdammten der Hölle, ihr mein liebstes Gespann seit Sisyphos, ihr Verderber, Verdunkler, Verschieber, Verschummler …

sie schlagend

… und eins und zwei und drei.

Satanael

Ladies and Gentlemen, Neuruppinerinnen und Neuruppiner! Der Funke sprüht, das Licht zündet … König aller schwarzen Seelen …

Abadonna / Satanael / Dora

… im Namen der Elfhörner und Tigifanten, der Afflamingos und Papakröten, König der Unterwelt, Roi des enfer, Re degli Inferi, Король преступного мира – *Erscheine!!!*

I.

I

It's Showtime

Am Anfang war das Wort

Wilde Musik

Auftritt Voland, der König der Unterwelt, Oldtimer aus der Bühnentiefe. Die Teufel gebärden sich wild, alle hopsen und werfen sich auf die Erde, die Teufels»hufe« werden geschüttelt, es wird gejodelt und tiriliert, eine Ekstase.

Musik aus

VOLAND

Josch brusch, josch kusch, josch pfusch! En undefassolo Ebendatoli; Eragono, äh. Ringilindis, äh. Games Trones, äh. Staro waro, äh äh. Harro Pottetito – nnnjäää. Cecilolita! Stinina! Effitolli! Imperico fontastico theodoritscheski Fon–ta–yeah.

Er macht eine Geste zum Kanzler, er möge bitte übersetzen.

SATANAEL

übersetzt

Liebe Freunde, Hexen, Zauberer, Tote und Untote, Geächtete und Geliebte, Seelen, die ihr mir gehört, die ihr mich liebt – die ich euch niemals im Stich lassen werde!

Wir versammeln uns heute, um einen Geburtstag zu feiern, den Geburtstag eines Freundes, meines Freundes: Theodor Fontane. Zu einem Zeitpunkt, als noch niemand an »Star Wars« und »Harry Potter« dachte, als das Böse und das Gute noch so langweilig auseinanderlag wie der Wolf und das Rotkäppchen, wo alles Gemeine noch als das Zauberische, das Unbegreifbare als hexisch galt, wo selbst unser Freund Mephisto betrogen war und Gutes schuf, wo er Böses wollte – kurz, zu einer Zeit, als man uns schmähte, diffamierte und uns am Ende verlachte, hat mein Freund Theodor Fontane Frauen inkarniert, erfunden, aus seinem Geist gezeugt, die imstande waren, Gut und Böse ganz neu zu mischen und erfanden so mit ihrem selbstbewussten Begehren neues teuflisches Element: Sie nannten es *Liebe.*

Und so wurden die Frauen meines Freundes Fontane zu Begründerinnen einer ganz neuen Generation von Hexen, die das Gleichgewicht zwischen oben und unten, zwischen Treue und Lust, zwischen Ehre und Verrat, zwischen Mann und Mann, zwischen alt und jung, zwischen rechts und links, zwischen Haut und Herz, zwischen Hügel und Zypresse, zwischen Schenkel und Schenkel, zwischen Glied und Gleiten, zwischen Schwanz und …

Abadonna macht ein Zeichen zu Satanael, die folgenden Worte nicht zu übersetzen, Satanael schweigt. Alle lauschen.

VOLAND

… jokatensis un perdito un negranto. Un generali penetrensis, vulvatos penissima, pimmelgiganto. Fickatchos! Bummante! Un Org! Un Org agähn! Un Org un Org un schockatus.

ALLE TEUFEL
Bravo! Er lebe hoch! Prost! Der König lebe!

VOLAND
Un nun: un glaso translawodku!

Er bekommt ein Glas gereicht, er trinkt – und spricht jetzt weiter auf Deutsch.

VOLAND
Und jetzt, wo die sich immer mehr diesseitigen Seelen anmaßen, zu erkennen, was die Welt im Innersten zusammenhält …

Alle
Wir!

Voland

... wo die Hominiden, die unser Kollege Gott mit so viel
Naivität – nein: lachen wir nicht! – mit so viel *Hoffnung* ge-
schaffen hat, sich nun zunehmend fangen wie der Hamster
im Rad, wie die Fliege in der Schleife, wie die Ameise auf
dem Autoreifen, wie der Diesel im Wasserglas, wie Jesus
am Kreuz, wie das Klima im Haifischbecken – da verstehen sie noch weniger, was ihnen Theodor bedeutet, was
ihnen Theodor geschenkt, wie das Fontanische die Welt
– und Neuruppin – verändert hat. Langweilig finden sie
den Dichter, seiner Länge Sätze sind sie mit ihren kurzen
Gedanken nicht mehr gewachsen, abbilden wollen sie ihn
und verkümmern ihn zur Legende.

Feiern wir seine Erfindungen, erwecken wir seine Frau-
en, rauschen soll das Fest der Weiblichkeit! Ich verneige
mich vor ihnen, meine Damen Hexen.

unheimliches Schütteln und Kreischen rund um die Bühne

Was haben wir an Liebhabern zu bieten?

Abadonna

In Würdigung der französischen Abkunft unseres zu Fei-
ernden haben wir hier unseren Monsieur Milleartifex,
Lieblingskavalier seiner Majestät König Vierzehn in der
Sonne, seitdem weißer Unterteufel in Asgard. In Neuruppin mit Migrationshintergrund.

Milleartifex

vorspringend

Sire, es ist mir eine wirklich joie und große Ähre, eingeladen zu sein zu Ihrem Fest zu Ähren von Monsieur deutsche
Dichter – habe ich Namen vergessen, oh pardon mon dieu
– werde spielen für Sie Inkarnation von Amoure, werde

tanzen für liebliche Damen und werde liegen im Dreck, wenn Sie, Sire, es wünschen. Ich bin entzückt!

VOLAND
Willkommen, Monsieur. Und?

ABADONNA
Aus dem Land der Kühe und der Zigaretten den Lustbolzen aller derberen Weiblichkeit: Johnny Schaitan.

JOHNNY
singt

> »Whatever you do,
> think of me, Lou,
> I've never been true,
> oh Sue, oh Sue,
> of Babylon and Peru.«

Tusch

VOLAND
Willkommen, Mr. Schaitan, willkommen!
zu Abadonna

Gott sei Dank, seine Texte sind besser geworden.
Welche Zeit haben wir?

MILLEARTIFEX
Haben wir genau 19:32 Uhr.

DORA
Nicht doch! Der König hasst Uhren und Termine. Uhrzeit macht Sklavenseelen – schreiben Sie sich das hinter die Ohren, Sie frankophiler Klugscheißer!

VOLAND
Wer ist das?

SATANAEL
Dora Diabella, Meister, Hexenkesselausschussvorsitzende Neuruppin, verliebt in Sie seit 2.000 Jahren.

ABADONNA
Wir sind exakt am Beginn des 21. Jahrhunderts.

DORA
verliebt

Monsieur Voland, auch wenn ich hier im Kostüm der Sachbearbeiterin vor Ihnen stehe, bitte glauben Sie mir, ich bin zu allem fähig, ich bin die Ihre, ich gehöre Ihnen, bin ich, bin Ihre Frau!

VOLAND
Ja ja ... Hat der 3. Weltkrieg schon stattgefunden?

SATANAEL
Kurz davor.

VOLAND
Diese Vorkriegszeiten kotzen mich an. Als dann, lassen wir unsere Auserwählte nicht länger warten: Wo ist sie?
Stille.

Immer noch Stille. Die Teufel wenden die Köpfe sehr langsam gegen das Publikum.

Die Stille wird gefährlich. Abadonna, Satanael und Dora suchen jetzt konkret in den Reihen.

ME PHIS TONG
Wer?

ABDONNA
Die Königin, Idiot!

ME PHIS TONG
Ah!

MILLARTIFEX
wie ein Papagei dazwischen

Ich bin entzückt!

ME PHIS TONG
Welche Königin?

DORA
Seine Königin!

MILLEARTIFEX
Ich bin entzückt!

ME PHIS TONG
Wer ist heute seine Königin?

SATANAEL
Effi.

ME PHIS TONG
Wer?

ABADONNA
Effi, Effi Briest.

MILLEARTIFEX
Ich bin entzückt!

VOLAND
Wo ist sie?

ABADONNA
Hier.
Sie fokussieren jetzt eine Frau.

ABADONNA
Effi! Komm!

DORA
Es hat ja keinen Zweck.

SATANAEL
wieder zu jemand anderem
Komm, bevor er böse wird.

DAME

Was soll das? Entschuldigen Sie bitte, was wollen Sie von
mir? Bitte, ich finde das nicht komisch. Ich gehe. Ich will
mein Geld zurück. Unverschämtheit. Ich fühle mich be-
lästigt. Ich bin Anwältin. Sie hören von mir! Wo ist der
Veranstalter?

SATANAEL

Komm Effi, es muss sein.

ABADONNA

Er will es so.

DAME

Wer ist *er?*

Die Teufel wollen die Dame aus dem Publikum führen.

TEUFEL (ABADONNA, PHOSPHORUS, SATANAEL)

Im Namen des Jenseits, im Namen Theodors, im Namen
des Schriftstellerverbandes, im Namen aller Frauen des
heiligen Theos, sage die Wahrheit, sage, dass du Effi bist!

DAME

Ich bin nicht Effi Briest! Mein Name ist Carry Bradshaw,
ich bin zu diesem Ereignis heute Abend gekommen, um
Theodor Fontane zu ehren, ich bin extra aus New York gekommen, weil ich ihn liebe, Fontane, weil mich beruhrt,
wie er Frauen versteht, weil ich eine Kolumne schreiben
will, weil mich dieses verschlafene Provinznest interessiert,
in dem ich behandelt werde wie … Lassen Sie mich los,
don't touch! Ich bin nicht Effi! Ich bin nicht Effi, hören
Sie auf! Mein Name ist Elisabeth von Ardenne, geborene
Freifrau von Plotho, und meine Geschichte gehört mir allein! *Ich bin nicht Effi!* Meine Seele hat er mir gestohlen,
Fontane, den ihr alle den Meister nennt, abkopiert hat er
mich, darf man das? Ja, ich habe geliebt, ja, ich habe alles
verloren, Kinder und Mann – aber ich bin nicht daran ge-

storben, wie er es aufgeschrieben hat für seine *Effi*! Eine von Plotho stirbt nicht! Das ist sentimentales Theater. Ich bin *nicht Effi Briest*, mein Name ist Elisabeth Freifrau von Ardenne, geborene Instetten, Hulda und Bertha meine Jugendfreundinnen, alles gestohlen, ich bin nicht Plotho, ich bin …

Sie bricht weinend zusammen.

Ich bin Effi. Oh mein Gott, es ist wahr, ich bin Effi Briest, Himmel, tatsächlich, Effi, sind wir nicht alle Effi? Mein Kind! Mein Mann! Mama!

DIE TEUFEL (ABADONNA, SATANAEL, PHOSPHORUS)
leise singend

Willkommen, bienvenue, welcome, Fremder, etranger, stranger, happy to see you!

ABADONNA
Ladies and Gentlemen, Mesdames et Messieurs, Neuruppinerinnen und Neuruppiner,
mit großer Geste
Effi Briest!!!
Tusch

EFFI
Alles, was ich wollte, ist gut sein. Nichts Böses tun. Und ich wollte immer in den Himmel kommen. Bin ich im Himmel?

SATANAEL
Fast.

ABADONNA
Sie sind …

DORA
… in …

SATANAEL

… Neuruppin!

Effi wird von den Gehilfen ausgezogen und hergerichtet für den Ball.

VOLAND

Meine Bezauberndste, Sie sind von mir für die heutige Nacht, in der wir den 200. Geburtstag ihres Schöpfers feiern, zur Königin erwählt worden. Sie sind die Krone seiner Schöpfung! Ihr Name ist das Fanal des Meisters. Wer Effi sagt, sagt Fontane. Wir erwarten Gäste und Sie sind die Gastgeberin.

SATANAEL

Von einer Liste ablesend; alle haben plötzlich eine Liste.

Sie hat die Ehe gebrochen!

TEUFEL

Yeah!

ABADONNA

Ohne Rücksicht auf Konventionen!

TEUFEL

Yeah!

SATANAEL

Sie hat ihren Mann verlassen!

TEUFEL

Yeah!

VOLAND

Damit wurde sie zur Vorreiterin der feministischen Bewegung und Emanzipation der Frau an der Schwelle zum 20. Jahrhundert …

die Liste wegwerfend

Was soll *das* denn?

Abadonna reicht ihm hastig einen neuen Zettel.

Ah! Sie hat ihr Kind verlassen!

TEUFEL
Yeah!

VOLAND
Als solches gilt sie als Vorbild für Linda Krause, Stefanie Brummsler, Corinna Taube, Sabine … Kerstin …
zu Abadonna

Lies du weiter.

ABADONNA
Liest fort und die Namen »untermalen« den folgenden Text.

Johanna Lehmann, Helga Kloschewski, Frieda Müller, Petra Brummer, Luise …

ALLE TEUFEL
Bravo! Sie lebe hoch! Hoch Effi!
Sie bekommt eine Trophäe überreicht und nimmt neben Voland in der Loge Platz.

EFFI
Danke, vielen Dank! Ich möchte mich herzlich bedanken bei meinem Team, ohne die ich nie Effi Briest hätte sein können, bei meinen Eltern, bei Roswitha, bei Major Crampas und – ja, auch das – bei meinem Mann Gerdt Innstetten. Vor allem aber gilt mein Dank unserem Autor, Theodor Fontane. Ohne dich, lieber Theodor, stände ich heute nicht hier. Danke!!!

VOLAND
Der Meister lebe hoch! Zwei Dinge wollen wir wissen: Was er über sich selbst sagt und über Frauen.

SATANAEL
Über sich selbst hat er eine Autobiographie geschrieben und über Frauen … Romane.

ABADONNA

Hören wir Ludwig Pietzsch, Rezensent der »Autobiographischen Schriften« in der »Vossischen Zeitung« vom 29. Juni 1898.

VOLAND

Ich lasse bitten.

Little Lucifer knallt mit der Peitsche. Der folgende Text wird über Tonband eingespielt und auf der Bühne live vertanzt. Der Tänzer stellt den Kritiker Ludwig Pietzsch dar, einen unsicheren Menschen, eine sich in Schmeicheleien windende Kreatur.

TONBANDSTIMME

»Nie war eine Autobiografie freier von jener Schwäche, an der solche Memoiren nur gar zu häufig kranken: von der Selbstbespiegelung, von dem Bestreben, den Lesern ein möglichst schmeichelhaftes Bild des Autors zu entwerfen.

Seine ganz persönlichen Herzensergüsse und Bekenntnisse, seine Reflexionen, das von ihm Erlebte, Mitgeteilte und letztlich Mitgefühlte steckt in der Hülle seiner Figuren. Ihre Äußerungen offenbaren die Fülle seiner in einem langen vielbewegten wechselreichen Leben errungenen Altersweisheit, die sich ihm mit so unverwüstlicher herzerquickender Jungendfrische verbindet. Seine stolze heitre Unabhängigkeit, die echte Vornehmheit seines Charakters und Naturells strahlen auf uns nieder in vollendetem Glanz.«

VOLAND

Was meint mein Abadonna?

ABADONNA

Unser Theo ist ein Vielschreiber. Tausende Briefe, archiviert alles, Geschichten, Anekdoten, Kirchen, Menschen. Ein Dokumentarist. Festhalter. Bildwortüberlieferer.

Wahrfakterfasser, Detailist, Präzisator. – Nur eins fabulierte er: die Seelen der Frauen.

Satanael
In einem Brief vom 10. Oktober 1895 schreibt der Meister an Colmar Grünhagen:

Tonbandstimme
Der Darsteller des Ludwig Pietzsch tanzt wie oben.

> »Ich war nie ein Lebemann, aber ich freue mich, wenn andere leben, Männlein wie Fräulein. Das Natürliche hat es mir seit lange angetan, ich lege nur darauf Wert, fühle mich nur dadurch angezogen und dies ist wohl der Grund, warum meine Frauengestalten alle einen Knacks weghaben. Gerade dadurch sind sie mir lieb, ich verliebe mich in sie, nicht um ihrer Tugenden willen, sondern um ihrer Menschlichkeiten d. h. um ihrer Schwächen und Sünden willen. Sehr viel gilt mir auch die Ehrlichkeit, der man bei den Magdalenen mehr begegnet, als bei den Genoveven.«

Voland
Vielen Dank, Herr Pietzsch!
Pietzsch-Tänzer ab

Dann lassen wir sie erscheinen, holen sie vor ihren Schöpfer, seine Kreaturen, seine Frauen, seine Wahrheitsträume, seine Liebessehnsüchte! Dora – lass tanzen!

2

Model Monster Motion Show

Fontanes next Topmodel

Musik. Showtreppe oder roter Teppich. Oder Tropfen aus Sand.

Nacheinander je nach Aufruf Auftritt der Damen. Sie bringen ihre persönlichen Requisiten mit, als da sind: Ein Sonnenschirm, ein Regenschirm, eine Handtasche, ein Telefon, einen Fernseher, eine Badewanne, einen Türrahmen, einen Blumenstrauß. Sessel, Gläser, Flaschen. Die Teufel assistieren.

SATANAEL
Schach von Wuthenow. 1883 im Jahre des Theodor. Hauptfrau …

ABADONNA
… Josephine von Carayon! Witwe, Mutter von Victoire von Carayon.
Eine schöne, wütend-würdevolle Dame tritt auf, die den Weg nicht findet, aber immer weiß, wo's lang geht. Hinter ihr ein Streuselkuchengesicht, die Mutter suchend.

Das hässliche Entlein, durch Blattern entstelltes Gesicht, von Schach von Wuthenow in einem Moment des Verlangens entehrt, Frau von Carayon geht bis zum König, um eine Hochzeit ihrer Tochter mit Schach zu erzwingen, Schach schämt sich vor seinen Kameraden vom Regiment Gendarmes, weil er eine Blatternnarbige heiraten muss, tut der Ehre genüge, heiratet und erschießt sich am selben Tag.

PHOSPHORUS
zu Effi

Hätte lieber die Witwe nehmen sollen, Blödmann, schöne Frau, vergisst sich in einer Nacht und vögelt die Tochter …

SATANAEL

Nicht diese Worte, verehrte Kollegen. Hat der Meister nie benutzt.

ME PHIS TONG

Jaja, schreibt alles zwischen den Zeilen, der alte Hund, kennen wir, kennen wir.

EFFI

zu Josephine von Carayon

Ganz anders Ihr Schicksal, gnädige Frau, ich bewundere Ihre Courage, wünschte mir Gleiches damals, erkenne trotzdem unsere geistige Verwandtschaft, willkommen, willkommen zu Ehren unseres gemeinsamen Schöpfers. Nehmen Sie doch Platz, Madame … Mademoiselle!

ABADONNA

Weiter!

SATANAEL

Ellernklipp. 1881 im Jahre Fontane.
Hauptfrau …

PHOSPHORUS

… Hilde Bocholt.

Musikwechsel. Ein sehr blasses Mädchen, fast noch Kind, tritt auf.

Geborene Rochussen, eigentlich Bastard des jungen Grafen, Kindfrau, ätherisch, wird aufgenommen im Hause des Heidereiters Bocholt, erst verliebt sich der Sohn in sie, dann der Vater, Vater wird eifersüchtig und tötet eigenen Sohn. Heiratet Ziehkind, Hilde bekommt Kind, Kind stirbt. Der alte Sack stirbt, Hilde stirbt, alle tot. Willkommen, Fräulein Gräfin!

ME PHIS TONG

Gutt gutt gutt, wenn alte Männer lieben junge Frauen, schlaff sucht straff, geht schief, ist nix, hahaha! Was über 50 ist, gehört ins Jenseits.

SATANAEL
Dorftusse. Ganz nett. Kein wirkliches Format als Hexe.
Hübsches Kind. Das hat den Alten interessiert.

EFFI
Liebes junges Kind, willkommen in unserem Kreise! Wie
kann ich Sie verstehen, meine Liebe. Wie haben Sie gelitten!

JOHNNY
Ich bin entzückt!

MILLEARTIFEX
Ich bin entzückt.

JOHNNY
Ich bin entzückt!

MILLEARTIFEX
Ich bin entzückt!
Musik bricht irritiert ab.

JOHNNY
Na und? Ich auch! Kiss my ass, fool!

FONTANE
Megafonstimme von oben

»Amerika ist meine Bewunderung, aber weder mein Ge-
schmack noch meine Sehnsucht.«

ME PHIS TONG
Wer war das?

SATANAEL
Fontane.

PHOSPHORUS
Schon hier?

VOLAND
Meine Herren – bitte!

MILLEARTIFEX
Das ist … ich bin … nein.
enttäuscht
Unmöglich. So geht man mit mir … Warum?

SATANAEL
Weiter!
Musik

ABADONNA
Cecile. 1887 im Jahre des Schöpfers.

SATANAEL
Hauptfrau?

ABADONNA
Titelrolle.

SATANAEL
Cecile.

ABADONNA
Cecile.
Auftritt einer Salondame kurz vor dem Verblühen, nervös, sie ist nicht gerne hier.

Wir lernen sie kennen als Frau von Pierre von St. Arnaud, pensionierter Offizier, Ehrenmann. Traurige Frau mit Geheimnis. In einem Urlaub im Harz verliebt sich Robert von Gordon, Engländer, Ingenieur, in sie. Kriegt sie aber nicht. Dunkles Geheimnis wird am Ende gelüftet: Cecile ist Cecile Woronesh von Zacha, deren Vater sich aus Geldnot erschießt. Sie wird als Vorleserin in Cyrillenort bei der Fürstin von Welfen Echingen engagiert, und dort die Geliebte des Ehemannes der Fürstin, des alten Grafen von Welfen Echingen.

Johnny
Wieder so ein alter Sack!

singt

Theodor, oh Theodor …

Abadonna
Es heißt, sie kann schön singen.

Milleartifex
Ich bin entzückt!

Satanael
Alter Fürst stirbt, junger Fürst nimmt Cecile als Geliebte
und stirbt auch.

Milleartifex / Johnny
Oh oh oh wow!

Abadonna
Erst als sie einen Kammerherrn heiraten soll …

Milleartifex

anzüglich

Aha, aha, aha!

Satanael
… geht sie zurück zur Mutter, wo sie Pierre von …

Phosphorus / Me Phis Tong / Johnny, Little Lucifer

salutieren zackig

… St. Arnaud! …

Satanael
… kennenlernt. Als Gordon Ceciles Vergangenheit erfahren hat, will er sie auch zur Geliebten …

Me Phis Tong
… schließlich hatte sie ja jeder!

PHOSPHORUS / ME PHIS TONG / LITTLE PHOSPHORUS
Haaaah!

JOHNNY / MILLEARTIFEX
Wir sind entzückt!

SATANAEL
Cecile, jetzt Frau von ...

PHOSPHORUS / ME PHIS TONG / LITTLE LUCIFER
salutierend

... St. Arnaud! ...

SATANAEL
... will aber nicht. Gordon wird eifersüchtig. Als er sie in
der Oper ...

ABADONNA
Tannhäuser.

ME PHIS TONG
Kann man mal die Musik haben?
Musik wechselt zu Tannhäuser

SATANAEL
... mit einem weiteren anderen Mann sieht ...

PHOSPHORUS / ME PHIS TONG / LITTLE LUCIFER / JOHNNY
Mit dem war gar nix – ooooh!

SATANAEL
 ... geht er zu Cecile und beleidigt sie. Deren Ehemann ...

PHOSPHORUS / ME PHIS TONG / LITTLE LUCIFER
salutierend

... St. Arnaud! ...

SATANAEL
... fordert Gordon zum Duell, erschießt ihn, Gordon tot,
Cecile stirbt an gebrochenem Herzen.

JOHNNY
Wegen Gordon?

ME PHIS TONG
Nee, wegen …

SATANAEL
… schlechtem Blut …

PHOSPHORUS
… Typhus, Schwindsucht …

ME PHIS TONG
… wer weiß das schon?
Tannhäuser-Musik bricht ab.

MILLEARTIFEX
Ich bin … naja …

VOLAND
Wir haben sie zu uns genommen.

ALLE TEUFEL
geflüstert
Sie hat sich umgebracht!

PHOSPHORUS
Ich bin …

ME PHIS TONG
Ich auch!

LITTLE LUCIFER
Aber gevögelt wird wieder nur im Off. Ich meine, darum
geht's doch, oder? Das ist doch das Eigentliche, das, was
alle wollen, oder? Ich kann ihn nicht leiden.

ALLE
zu Little Lucifer
Häh?

LITTLE LUCIFER
Fontane.

ABADONNA
Effi einen Brief überreichend
In ihrem Abschiedsbrief schreibt sie:

EFFI
liest
»Ich wünsche nach Cyrillenort überführt und auf dem dortigen Gemeindekirchhofe, zur Linken der fürstlichen Grabkapelle, beigesetzt zu werden. Ich will der Stelle wenigstens nahe sein, wo die ruhen, die in reichem Maße mir das gaben, was mir die Welt verweigerte: Liebe und Freundschaft, und um der Liebe willen *Achtung* (…) Vornehmheit und Herzensgüte sind nicht alles, aber sie sind viel.«
zu Cecile, sie umarmend oder sich vor ihr verneigend
Ich fühle Sie, als wären Sie mir eine Schwester.

ABADONNA
Nebenfrauen?

PHOSPHORUS
Hier eine Künstlerin, Rosa Hexel. Malt Landschaftsbilder.

SATANAEL
Ist gestrichen.

VOLAND
Weiter, meine Herren, wir wollen Mitternacht nicht versäumen …

SATANAEL
Irrungen, Wirrungen. 1888, unser Schöpfer ist 69 Jahre alt.

ABADONNA
Hauptfrau?
die Liste Dora Diabella in die Hand drückend

Oh, mach du weiter, ich hab kein' Bock mehr, die ganzen
Weiber, mir wird schwindlig im Kopp.

DORA
Lene Nimptsch. Blumenmädchen …
Musik, Liebesmotiv; Auftritt Lene mit Blumen, still, schön, bescheiden

… lässt sich verführen von Botho von Rienäcker, Offizier,
der sie aber nicht heiraten darf. Es wäre eine Mesalliance …

JOHNNY
Heißt?

MILLEARTIFEX
Missheirat. Wenn du reich und sie arm. Wenn du bist Graf
und sie sitzt an Kasse von Real.

JOHNNY
Und dann?

MILLEARTIFEX
Machst du bong bong mit Liebste und Tschüss. Und dann
Heirat mit irgendwem. Nix Liebe – alles große Scheiße.
Musik bricht ab; peinliche Pause

EFFI
Ich bin entzückt!

JOHNNY
Beginnt a capella zu singen und singt unter folgender Szene weiter.

All you need is love …

DORA
Lene und Botho, das ist: große Liebe.
Die Teufel gickern.

Dora

Botho heiratet Käthe ...

Teufel

... von Sellenthin.

Dora

Lene Gideon ...

Teufel

... Franke.

Dora

Keiner tot und alle am leben.

Teufel

Happy End.
Musik bricht ab.

Effi

Lene ermunternd

Seien Sie mir trotzdem willkommen, liebes Fräulein Nnn ...
beugt sich zu Lene hinab, die ihr ihren Namen ins Ohr flüstert

... Nimtzsch.
Lene verneint, flüstert wieder.

Nimsch.
Lene schüttelt wieder den Kopf, flüstert wieder Effi ins Ohr, jetzt deutlich das »p« betonend.

Nim – p – t – sch. – Ja, was für ein wundervoller Name! Bitte nehmen Sie doch Platz, Fräulein äh … Lene.
zu den anderen und zum Publikum

Sie hat ihn geliebt. Sie hat ihn wirklich geliebt. Ich habe meine Männer nie geliebt. Weder Geerdt, noch Crampas, selbst mein Kind ... Lene hat ihn geliebt. Ich bitte um eine Schweigeminute für die echte Liebe. Bitte, meine Damen und Herren – auch Sie dort im Publikum bitte – erheben sie sich. Für eine Minute Erinnerung an: die echte Liebe.

Alle erheben sich, die Teufel achten darauf, dass auch im Publikum jeder steht. – Schweigeminute.

EFFI
Danke.

VOLAND
zu Effi
Sehr schön, meine Liebe!
zu den Teufeln
Weiter!
grollend zu Abadonna
Du auch!
Musik

ABADONNA
Stine. 1890, ein Sittenroman.

SATANAEL
Hauptfrau?

ABADONNA
Schwer zu sagen. Magst du lieber das Früchtchen oder lieber die Frucht?

DORA
Wir nehmen die Titelfrau, Stine, arme Schneiderin …
Eine etwas verpeilte, sehr junge Dame tritt auf, fast noch ein Kind. Dora zitiert Originaltext, der klingt wie aus einem Ufa-Lautsprecher.

»… ihr Haar war flachsgelb, und die Ränder der überaus freundlichen Augen zeigten sich leicht gerötet, was, aller sonst blühenden Erscheinung zum Trotz …«

TEUFEL
anzüglich
Ähä, ähä, ähä …

LAUTSPRECHER/DORA
»... doch auf eine zartere Gesundheit hinzudeuten schien.«

EFFI
für sich

Ja, so mochte er uns am meisten: blond, lieb und krank.

DORA
Schwester der Witwe Pittelkow!
Auftritt der Witwe Pittelkow, sexy, nach allen Seiten grüßend
Invalidenstraße 98e, hat zwei Kinder von zwei verschiede-
nen Männern ...

TEUFEL
Yeah, yeah, yeah!

DORA
... lebt von ihrer Liebschaft mit dem alten Grafen Haldern,
der als »Sarastro« ...
Teufel mit tiefem Basslachen

DORA
... mit dem befreundeten Baron Papageno ...

TEUFEL
baritonal-tenorales Sängerräuspern

DORA
... zu amourösen Abenden in die Invalidenstraße kommt.
Teufel pfeifen das Flötenthema Papageno aus der »Zauberflöte«.

DORA
Einmal kommt der kränkliche junge Graf Woldemar von
Haldern mit, verliebt sich in Stine, will sie heiraten und ...
Musik-Einspiel und großer Auftritt Zarah Leander

ZARAH LEANDER (CONNY)
»Er heißt Waldemar und hat schwarzes Haar!«

ABADONNA
völlig ausrastend
Ladies and Gentlemen, Neuruppinerinnen und Neuruppiner: Miss Zarah Leander!!!
Musik zu Ende, tosender Applaus; dann Stille

SATANAEL
Aber, liebe Frau Leander, er heißt *Woldemar.* Nicht Waldemar.
Stille

ZARAH
Dann bin ich also … falsch?
peinlich berührtes Nicken bei allen Teufeln
Es tut mir unendlich leid. Wissen Sie, ich hatte gedacht … das passt so gut. Aber … oh Gott, ist mir das peinlich. Aber, verzeihen Sie, wir sind doch in … Neuruppin?

SATANAEL
Ganz ehrlich: nein.

ZARAH
Oh Gott, ist mir das peinlich! Dann bin ich vielleicht auch gar nicht … Zarah Leander?

ABADONNA
Wahrscheinlich nicht.

ZARAH
Furchtbar, immer diese Zweifel. Alles verändert sich so schnell, gerade war man noch … und dann ist man schon … Dürfte ich Sie fragen: Wer bin ich gerade?

SATANAEL
zeigt ihr ein Foto mit Unterschrift
Bitte sehr.

Zarah
liest

Cornelia Krause.
(Name der jeweiligen Schauspielerin der Aufführung)
Aha. Wer ist das?

Abadonna
Das ist die Conny. Auch nett. Du musst jetzt nicht traurig sein, Conny.

Zarah
Aha, dann bin ich also einfach … die Conny?

Abadonna
Ja, wahrscheinlich bist du einfach die Conny.

Zarah
Dann bin ich ja vollkommen falsch hier. Dann … Oh, es ist ein Albtraum!

Satanael
Schon okay, Conny.

Milleartifex
Oh. Iiiih. Nee ne? Ich bin … Also sowas!

Zarah
Entschuldigen Sie. Entschuldigen Sie, Fräulein Effi. Ist der Meister – also Fontane – schon hier?

Abadonna
Nein.

Zarah
Könnte ich vielleicht hier auf ihn warten?

Satanael
Nein.

Zarah
Ich wäre so gerne einfach irgendwie dabei.

ABADONNA

Das geht leider nicht, Conny.

EFFI

Conny am Arm nehmend und hinausführend

Es tut mir leid, liebe Conny. Kommen Sie, ich bringe Sie nach draußen. Kommen Sie.

Conny, sich weiter entschuldigend, weinend ab

DIE WITWE PITTELKOW

Meine Herren, geht es jetzt endlich mit uns weiter? Darf ich Sie daran erinnern, dass Sie sich verpflichtet haben, uns entsprechend vorzustellen? Sie wissen, dass meine Schwester und ich einen weiten Weg hatten und dass es auch nicht geringe Überwindung kostet, hier zu sein. Schließlich möchten wir, dass wenn später unser Schöpfer erscheint, wir entsprechend vorgestellt sind. Das – so meinen wir – ist Ihre Aufgabe. In Ihrer Einladung stand auch, dass wir gebeten werden, Theater zu spielen. Nun bitte, meine Herren: Dies ist unser Augenblick. Also fahren Sie bitte fort! Mit uns.

VOLAND

drohend

Ich bitte unverzüglich dem Wunsch der Dame zu entsprechen.

ABADONNA

Natürlich.

in seinen Unterlagen suchend

Also, wieder Mesalliance, der junge Graf darf nicht ... erschießt sich ... Stine tottraurig.

DIE WITWE PITTELKOW

Ist es zu viel verlangt, dass Sie auch noch ein paar Worte über mich verlieren? Schließlich bin ich den ganzen Weg ... Als was stehe ich denn nun da? Als eine gewöhnliche Hure?

SATANAEL

ebenfalls in seinen Unterlagen suchend

Äh, ja. Sie empfangen die beiden alten Grafen an bestimmten Abenden zu bestimmten Séancen und ...

WITWE PITTELKOW

Und?

SATANAEL

Nun, Näheres lässt sich nicht wörtlich belegen, aber die Zusammenhänge beim Meister lassen schließen, dass Sie ... sehr wahrscheinlich ... ja. Auch das.

WITWE PITTELKOW

Wäre es dann nicht naheliegend, mich zu befragen, was tatsächlich mit den Grafen in meiner Wohnung geschehen ist? Ich meine, nun ich einmal leibhaftig vor Ihnen stehe: Fragen Sie mich!

ABADONNA

Dazu sind wir leider nicht befugt – rein protokollarisch.

WITWE PITTELKOW

Ist es nicht empörend, sich nur auf die Worte eines Dichters zu verlassen und dabei nichts, aber auch gar nichts von den Menschen wissen zu wollen, die schließlich erlebt haben, erleben *mussten*, was sich ein Schriftsteller mit ihnen ausgedacht hat? Nur was ein Herr Fontane über mich erzählt hat, interessiert Sie? Ich selbst, ich als Person – hier meine arme Schwester – wir interessieren Sie gar nicht?

SATANAEL

nachdem er kurz in seinen Papieren gesucht hat

So ist es. Nein.

WITWE PITTELKOW

Das ist bodenlos unverschämt! Na, warten wir, bis er selber kommt. Ich werde ihm die Meinung sagen.

zu Stine

Komm, Schatz!

PHOSPHORUS
Näherinnen hat man als Geliebte, man heiratet sie doch nicht! Das steht schon bei Balzac.

ME PHIS TONG
Bei wem?

ABADONNA
Tolstoi.

DORA
Wer?

SATANAEL
Maupassant.

JOHNNY
Kommen die auch alle?

VOLAND
die Teufel plötzlich anbrüllend

Meine Herren, darf ich Sie daran erinnern, dass wir uns heute ausschließlich, und ich sage *ausschließlich*, zu Ehren unseres hochgeschätzten Theodor Fontane treffen? Neuruppiner seines Zeichens, weshalb wir uns – wie ich Sie erinnern darf – in Neuruppin versammeln. Nicht in Berlin, nicht in Paris, nicht in Moskau, nicht in Bagdad, nicht in Hollywood und auch nicht – falls Sie auf den naheliegenden Gedanken kommen – in Rheinsberg! Weiter, und zwar knapp, informativ und korrekt!

SATANAEL
Natürlich.
Musik

ABADONNA
Junger Graf schießt sich tot.

PHOSPHORUS
Nebenfrauen?

ABADONNA
Hier eine Freundin, Schauspielerin – auch Hure – Wanda
Grützmacher.

MILLEARTIFEX
Ich bin entzückt!

SATANAEL
Ist gestrichen, wir werden zu lang.

EFFI

zu den hinzugekommenen Damen

Meine Damen! Seien Sie mir willkommen! Sehen Sie, so
hat er uns nun mal geschrieben: Die mit der guten Gesundheit sind die Übermütigen – und die Kranken und
Schwachen sind die Moralischen. Zumindest damals, zu
Lebzeiten unseres Meisters, war es so. Und wir sollten uns
fragen: Ist es heute noch genauso? Dass die Moral die Zu-
flucht der Schwäche ist, und die Gesundheit Übermut ge-
biert, Leichtsinn, vielleicht sogar Unheil? Überhaupt: Aus
welcher Perspektive müssen wir uns betrachten? Von heute? Von damals? Was ist heute? Was bedeutet »damals«?

Musik, der alte DDR-Schlager »Damals«. Auftritt Conny Krause,
die zuvor als Zarah Leander auftrat, nun als das 50er-Jahre Blondie
Bärbel Wachholz.

Musik zu Ende. Applaus. Stille.

SATANAEL
Frau Wachholz, könnte es sein, dass Sie nicht Frau Wachholz sind?

Bärbel Wachholz
Bitte? Wieso? Wer soll ich denn sonst sein?

Abadonna zeigt ihr ein Foto.

Oh nein, schon wieder die? Ja dann …

Phosphorus
Tut mir leid, Conny.

Johnny
Ja, echt, Conny. Sorry!

Bärbel Wachholz
Und es gibt wirklich keine Möglichkeit, dass ich hier irgendwie …?

Satanael
Nein, Conny, es geht wirklich nicht.

Bärbel Wachholz
im Abgehen

Ich bin die Conny, ich bin die Conny, ich bin die Conny
… Himmelherrgott! Ich bin die Conny …

Voland
Weiter. Unsere Gäste wollen empfangen werden.

Satanael
Grete Minde. 1880 geschrieben, im Jahre 61 des Dichters.
Neuzeitliches Mittelalter. Eine glückliche Familie. Der reiche Kaufmann Jacob Minde hat zwei Kinder. Grete und
ihren Bruder Gerdt …

Little Lucifer
Hört doch auf, ey, das is doch 'ne langweilige Scheiße!
Ich meine: die Spießer! Zum Kotzen. Von wegen Glück.
Unglücklich sind sie alle, aber zu feige, sich von mir den
Arsch versohlen zu lassen. Echt. Nur wer Courage hat, lässt
sich von mir prügeln, und dieses verlogene »Ich-bin-reich-

Getute« dieses »Seht-mir-geht-es-gut-Gewichse« – das ist doch echt ... oder? Zeig mir deinen Arsch, und ich sag dir, wer du bist!

Song 1: Alle Idioten heißen Gerdt, Musik: Jochen Kilian, Text: Frank Matthus

ALLE FRAUEN
bzw. wer singen kann und mag

> Gerdt, Gerdt –
> Ich hasse dich
> Hörst du? Ich
> Verlasse dich
> Dein Name steht für jeden Mann
> Der außer sich nichts lieben kann.
> Niemand vermisst dich
> Am besten verpiss dich!
> Gerdt, Gerdt –
> Unglücksstifter
> Unser aller
> Seelenvergifter
> Willst uns jung – und zum Dank
> Machst du unsre Jugend krank!
> Auf der Stelle
> Fahr zur Hölle
> Gerdt, Gerdt, –
> Mach mich nicht an,
> Weil ich dich
> Nicht lieben kann.
> Ist jemand Theodor nichts wert
> Nennt er ihn – wenn männlich – Gerdt.
> Sei kein Idiot:
> Stirb und sei tot!

VOLAND
Vielen Dank, meine Damen!

VICTOIRE
Verzeihen Sie bitte, ich wollte nur fragen: Kommt Mete?

ME PHIS TONG
Wer?

ABADONNA
Fontanes Tochter, Martha! Genannt: Mete.

FRAUEN
Mete, Me-te, Me–te, Me—te!

DORA
Ich bitte um Geduld, meine Damen! Mete – ich meine:
Martha Fontane – ist noch nicht so weit.

EFFI
Was ist denn mit ihr?

DORA
verlegen

Nun, Sie werden verstehen: Als Tochter eines so berühmten Mannes, an einem Tag wie heute, in einem Leben wie
dem ihren, da … muss man sich vorbereiten.

VOLAND
Haben wir sonst noch was?

SATANAEL/ABADONNA
blättern in ihren Unterlagen, zerreißen Zettel, schmeißen was weg;
dabei Bemerkungen wie:

Ja, komm, das wird zu lang hier, das ist auch wirklich nicht
gut, brauchen wir echt nicht, Mord, Selbstmord, Wanderungen durch die … na die Leute gehen ja selber spazieren
… und den Rest können sie auch bei Wikipedia nachlesen.

VOLAND
Was kommt als Nächstes?

ABADONNA
Jetzt sind …
Er überblättert unzählige Seiten in seinen Akten.

… jetzt sind die Frauen dran.

MILLEARTIFEX
Ich bin entzückt!

WITWE PITTELKOW
Bitte?

FRAU VON CARAYON
Womit denn dran?

SATANAEL
Ja, Programmpunkt 6: Fontanes Frauen unter sich.

WITWE PITTELKOW
Was soll denn *das* jetzt?

VOLAND
Effi den Arm reichend
Madame!

FRAU VON CARAYON
Ich hab überhaupt nichts vorbereitet …

TEUFEL
im Abgehen
Toi Toi Toi!
Sie gehen. Man sieht sie dann im Cateringbereich Sekt oder Wasser oder Bier trinken.

DORA
zu den Frauen
Sorry … Dann … dann geh ich mal auch …
geht ab

3

Damen-Tee

Lost in Fontane

CECILE
Es steht auch gar nicht in der Einladung, dass wir etwas vortragen sollen.

VICTOIRE
Ich dachte, über mich liest man alles, ich kann doch nicht selbst etwas sprechen, wie soll ich denn …?

FRAU VON CARAYON
Beruhige dich, Schatz!

WITWE PITTELKOW
Überhaupt – uns hier in diese Sandkiste zu setzen, ist eine Unverschämtheit.

LENE
Das ist besonderer Sand, den man irgendwie … Hier steht es: Das ist Rein-Karr-Nations-Sand.

CECILE
Was?

FRAU VON CARAYON
Sand zum Reinkarren halt. Aus Deutschland. Wahrscheinlich Ostsee.

CECILE
Quatsch, zeig mal her: Re-in-kar-nations-Sand.

LENE
Ein Tropfen – als geformter Augenblick – in dem wir festgehalten sind wie ein Stück Ewigkeit.

Hilde
Das ist aber schön …

Witwe Pittelkow
Ich glaub, das ist einfach nur Kunst. Typisch zwanzigstes
Jahrhundert.

Cecile
Ich würde sagen: frühes Einundzwanzigstes.

Frau von Carayon
Überhaupt ziemlich schwache Veranstaltung hier.

Witwe Pittelkow
Jetzt kann ich verstehen, warum sie unsern Alten immer
noch feiern.

Victoire
Warum?

Witwe Pittelkow
Weil die nix Besseres haben!

Hilde
Echt?

Witwe Pittelkow
Na überleg mal: 200. Geburtstag, das ist doch lächerlich,
das gibt's doch gar nicht. Warum denkt man denn noch an
einen, der schon über 100 Jahre tot ist?

Frau von Carayon
Weil die heut nix Besseres haben.

Cecile
Na sag ich doch! Scheiße!

Stine
leise unter dem folgenden Dialog

    Happy Birthday to you

Happy Birthday to you.
Happy Birthday, lieber … *Wer?*

Pittelkow

soufliert

Theodor.

Stine

Happy Birthday, lieber Theodor,
Happy Birthday to you.

Frau von Carayon

Ich bin gespannt, als was Grete kommt.

Victoire

Wer?

Cecile

Grete Minde.

Frau von Carayon

Bestimmt als Kind.

Witwe Pittelkow

Nein, die kommt als Leiche … verbrannt.

Cecile

Hoffentlich spielt sie nicht wieder mit Streichhölzern! Wo ist hier der Verantwortliche für den Brandschutz? Hallo? Bitte, Sie dort in den roten Hosen: Wenn hier eine ankommt, die aussieht wie eine Spanierin und sagt, sie wäre Grete Minde – und wahrscheinlich wird sie irgendwie angekohlt riechen – dann ein Auge auf die, ja? Die ist Pyromanin! Das wäre hier nicht die erste Stadt, die sie anzündet, ja?

Frau von Carayon

Islamistin?

Witwe Pittelkow

Nein, Katholikin.

Frau von Carayon
Hoffentlich kommt unser Alter, ich muss ihn was fragen.

Witwe Pittelkow
Was denn?

Frau von Carayon
Ich verstehe nicht, warum er nicht deutlich geschrieben, dass Schach nicht mit mir geschlafen hat. Das war nämlich mein Problem: Er hat nicht mit mir geschlafen!

Cecile
Mein Problem war, dass St. Arnaud mit mir geschlafen *hat*.

Frau von Carayon
Das hat er aber auch nicht deutlich geschrieben.

Witwe Pittelkow
Mädels, er hat überhaupt nie deutlich über Sex geschrieben.

Cecile
Weiß jemand, wann er kommt?

Frau von Carayon
Wenn er überhaupt kommt.

Lene
Aber es hat doch geheißen, er kommt?

Frau von Carayon
Hoffentlich bringt er diesen Siegmund Freud nicht mit.

Cecile
Scheiße.

Hilde
Wen?

Witwe Pittelkow
Auch so ein Muschi-Versteher. Den würde ich nicht mal in der Traumdeutung ranlassen, diesen Verdichter und Verschieber, Sesselfurzer …

Stine

It's a man's world …

Frau von Carayon

Schach! Schach! Wie konntest du mir das antun? Habe ich dich nicht geliebt? Und du? Betrügst mich, erschießt dich! Schach! Schach! Warum?

Witwe Pittelkow

Was war ich für dich, Papageno? Hast du mich beschützt? Hab ich dir mehr bedeutet als nur ein Spielzeug für dein Vergnügen? Was bin ich für dich? Ein Körper? Eine Hure? Sieh mich an! Sieh mir ins Gesicht! Kennst du mich? Papageno! Sieh mich an!

Cecile

Robert von Gordon! Was hast du aus mir gemacht? Was sollte ich für dich sein, deine Mätresse? War das deine Liebe? Sprich mit mir! Sag was! Deine Mätresse will mit dir reden! – Ach, Scheiße. Scheiße!

Hilde

Papa? Wo bist du? Du musst doch hier irgendwo sein … Siehst du mich? Oder meine Mama? Mama, wo bist du? Hast du Papa gefunden? Mama? Papa?

Lene

Botho! Komm zu mir! Es ist noch nicht zu spät! Ich liebe dich! Du liebst mich auch, ich weiß es! Komm! Komm! Wir können noch glücklich sein! Küsse mich! Ich kann dich nicht vergessen. Küss mich! Küss mich!

Victoire

Happy birthday to you, happy birthday to you! Happy birthday, lieber … Wer? Wer? Wer? Wer? …

EFFI

versucht zu retten

Aber meine Damen, ich bitte Sie! Warten Sie doch, bis der Meister kommt! Ich bitte Sie um etwas Geduld! Möchten Sie noch etwas trinken? Auch unsere Männer werden vielleicht noch erscheinen. Ich meine, ich freue mich auf die Begegnung mit Gerdt …

ALLE

kreischen

Geeerdt!!!

EFFI

Bei dem Namen Gerdt fällt auch sie in die Endlosschleife.

Gerdt! Wie kalt du bist! Warum tust du das? Mir das Kind zu nehmen! Nicht mein Fehltritt ist das wirkliche Verbrechen: deine Kleinheit, deine Feigheit vor der Welt, deine miese Nicht-Liebe, dein feiger Egoismus … Warum? Warum nur? …

VOLAND

Omnitatus Fontanesis komplicatus.
Un brosch – un brosch – un brosch!
Ohnmachtszauber: Die Teufel besprühen die Frauen mit einer Substanz aus einer (Gas-)Flasche, auf der steht: »Ruhe«. Schlagartig ist Ruhe.

VICTOIRE

oder jemand anderes singt Song 2 »Die Ruh ist wohl das Beste«, Musik: Jochen Kilian, Text: Theodor Fontane (aus: »Unwiederbringlich«).

Die Ruh ist wohl das Beste
Von allem Glück der Welt;
Was bleibt vom Erdenfeste,
Was bleibt uns unvergällt?

Die Rose welkt in Schauern,
Die uns der Frühling gibt;
Wer hasst, ist zu bedauern,
Und mehr noch fast, wer liebt …

Cecile
Wer hasst, ist zu bedauern,
Und mehr noch fast, wer liebt …

Witwe Pittelkow
Seit wann können wir denn singen?

Dora

Sie zieht ein Taschentuch und muss weinen.

Wer hasst, ist zu bedauern, und fast noch mehr, wer …

Voland
Signora Diabella! Reißen Sie sich zusammen!

Dora
schluchzend
Dazu bin ich viel zu sehr Frau!

4

Intermezzo

Anti-Promi-Demo

Eine Frau aus dem Publikum
wütend

Lächerlich! Mein Gott, wie lächerlich! Jetzt kommen mir ja wirklich die Tränen! Warum reden wir nur über Fontane und seine Weiber, die alle schon tot sind? Warum nur immer über die, die sowieso jeder kennt? Warum redet niemand über mich? Über mich wird nie jemand reden, mich hat nämlich niemand Berühmtes erfunden, mich hat auch niemand Berühmtes geheiratet, ich bin auch nicht berühmt, ich habe übrigens auch keinen Selbstmord begangen. Und trotzdem bin ich wichtig! Wer will wissen, was ich im Herbst 1986 gemacht habe? Wer recherchiert über mich? Ihr Wissenschaftler und Theaterleute seid doch auch nur verknallt in die Prinzessinnen, die Opern-Frauen, die müssen erstens schön sein, zweitens bekloppt und drittens aus Liebe sterben. Was hat denn diese ganze Fontane-Scheiße mit dem wirklichen Leben zu tun? Was hat Fontane mit mir zu tun? Ich verlange, im Museum ausgestellt zu werden! Hier, das sind Bilder von mir ...

zeigt Bilder herum

Ist ein Mitarbeiter des Museums im Publikum? Frau Peers?

(Museumsleiterin in Neuruppin)

Bitte, ich fordere eine Ausstellung von mir! Ich habe mit 21 Jahren geheiratet, mit 22 Jahren habe ich meinen ersten Sohn bekommen, meine Tochter ist geboren, da war ich 24, heute bin ich 54. Mein Mann ist seit der Wende selbstständig und hat eine eigene Firma, Sanitärinstallation, ja,

Gas-Wasser-Scheiße, genau, Sie dürfen ruhig lachen. Mein Sohn ist bei der Polizei, meine Tochter ist Sachbearbeiterin bei der Versicherung. Vor zehn Jahren haben mein Mann und ich uns ein Haus in Kränzlin gebaut. Wir haben einen Kredit dafür aufgenommen, den wir noch bis zu meinem 65. Lebensjahr abbezahlen müssen. Ich denke, dies ist genügend Stoff für eine Ausstellung.

Effi

Verzeihen Sie bitte, meine Dame, aber ich denke nicht …

Frau

Bin ich nicht interessant genug? Ich denke doch, ich habe alles richtig gemacht in meinem Leben. Ist das deswegen langweilig?

Effi

Nein, aber Sie müssen bitte verstehen, dass die Kuratoren des Museums selbstständig entscheiden …

Frau

Wer? Sind das die, die die Ausstellung machen? Ja die sollen sich dann mal was einfallen lassen! Schließlich bezahlen wir sie mit unseren Steuergeldern!

Effi

Da können wir uns wirklich nicht einmischen …

Frau

Aber *ich* mische mich ein! Ich will eine Ausstellung über mich und meine Familie, oder ich schmeiße eine Bombe. Das ist mein demokratisches Recht! Leben wir in einer Demokratie oder in einer Promi-Kratie? Eure Promi-Geilheit kotzt mich dermaßen an, das könnt ihr euch gar nicht vorstellen, diese ganze Fontane-Scheiße sowieso, das war doch auch bloß ein Mensch und außerdem ein ganz Bescheidener. Ich hab es so satt, dieses ganze… Fontane-Stadt, Fontane-Jahr, Fontane-Döner, Fontane-Therme …

Angela, es reicht.

(bzw. der Name der jeweiligen Schauspielerin)

FRAU
Alles dreht sich nur noch um Tourismus. Tourismus hier,
Tourismus dort …

ABADONNA UND SATANAEL
Angie, stop!
Ohnmachtszauber aus der Gas-Sprühflasche. Die Dame ist nach
der Bestäubung komplett verwandelt, gut drauf, total happy.

ANGIE
Hey cool, ich bin dabei, geil …
Die Teufel wenden sich drohend gegen das Publikum, die Sprühfla-
schen wie Colts in den Händen haltend. High Noon.

SATANAEL
Ist. Hier. Noch. Jemand. Der. Etwas. Gegen. Fontane.
Hat? Oder. Gegen. Tourismus?
   Ist – hier – noch – jemand – der – etwas – gegen – Fon-
tane – hat? Oder – gegen – Tourismus?

ABADONNA
Ihre. Meinung. Ist. Uns. Wichtig.
Ihre – Meinung – ist – uns – wichtig.
Stille

ABADONNA
Na dann:

ALLE TEUFEL
chorisch
Lob des Tourismus!

Kleine Kostümänderung, Rentner-Accessoires (Hüte, Stöcke, Schirme o.ä.); es singt, wer will und kann, mindestens drei; Satzgesang.

Früher gab es viel Gefiedel,
Wie man fremdes Land besiedel'
Und man schickte die Soldaten
Mit Kanonen und Granaten.
Wir steigen aus dem Discount-Flieger,
Schon begrüßt man uns als Sieger.
Und bauen wir wo ein Hotel,
Leuchtet gleich die Zukunft hell.

Erster Refrain
Wir sind die Touriristen
Zuhaus' an allen Küsten.
Nicht braun, nicht rot
Und auch mit 80 gar nicht tot.
Von Bali bis nach Panama
Sind wir vor allen annern da.
Statt Kriegsgeschrei ist die Devise
Ober! Alles inklusive!
Bald stehen wir am Hindukusch
Wo vor uns der Hindu kuscht.
Wo andere um Allah raufen
Kommen wir zum Koma-Saufen.
Lassen's Terroristen krachen,
Können wir nur herzlich lachen.
Knallt's in Rom, Paris, Berlin
Fahr'n wir halt nach Neuruppin!

Zweiter Refrain
Wir sind die Touriristen
Zuhaus' auf allen Pisten.
Nicht braun, nicht rot
Und auch mit 80 gar nicht tot.

Glücklich ist der Taliban,
Wenn er uns bedienen kann.
Wasser, Sonne, Urlaub marsch!
Jeder leckt uns noch den Arsch!
Wer nicht wohnt am Mittelmeer,
Nimmt sich einen Dichter her.
Marx und Engels sind Banane,
Uns gilt Theodor Fontane.
Den gibt's nicht nur in Berlin;
Original ist Neuruppin!
Haben wir ihn nicht gelesen,
Sind wir doch mal hier gewesen.

Dritter Refrain
Wir sind die Touriristen
Zuhaus' auf allen Pisten.
Nicht braun, nicht rot
Und noch mit 80 gar nicht tot.
Es freut sich auch der Kongolese
Verkauft er Eis uns von Langnese.
Nur eines ist bei uns Devise:
Ober! Alles inklusive!

DORA DIABELLA

Liebe Neuruppinerinnen und Neuruppiner!

Nein, wir sind hier nicht die Côte d'Azur! Nein, wir sind auch nicht die Ostsee! Wir haben kein Meer, keine Burg, keine Pyramiden, keine Palmen; wir sind auch nicht die Malediven – wir sind: *Fontane*!

SATANAEL

Es gibt so viele typisch fontanische Genüsse, die man wunderbar in Neuruppin erleben kann. Zum Beispiel: Ehebruch! Machen Sie es wie Effi Briest, meine Damen: Betrügen Sie Ihren Gatten! Es gibt hier so viele Büsche, Wege, Abwege! Und Sie, meine Herren: Wo gäbe es einen wun-

derbareren Ort, um ihre Frauen zu verstoßen, als Neuruppin? Ja selbst ein Platz zum Duellieren ließe sich stadtpla-
nerisch einfügen. Und dann – vergessen wir nicht, meine
Damen und Herren: der Selbstmord! Nirgendwo schöner
als in Neuruppin! Zweigstelle Wuthenow! Erschießen Sie
sich wie Schach! – Suizid mit dem Fontane-Zertifikat.

Frau von Carayon
Ja, er hat einfach meine Tochter nicht heiraten wollen, nachdem er sie geschändet hat, und da bin ich zum Kaiser gegangen.

Alle
Kai-ser! Kai-ser! Kai-ser!

Voland
Ist gestrichen!

Satanael
Und am Ende: Wer will nicht ab und an eine Stadt anzünden? Das wäre dann hier ebenfalls sozusagen am Original-
schauplatz! Herr Bürgermeister, Sie müssen sich nur vorher
mit Förderprogrammen für den Wiederaufbau absichern,
eine Literaturschutzversicherung abschließen. Und dann
steht auch wunderschönen Stadtbränden hier mitten in
Neuruppin nichts mehr im Wege ... Was für ein Potenzial,
was für ein Profil, was für eine Ehre, mittendrin zu wohnen
in der Fontane-Erlebniswelt!

Frauen
Bren-nen! Bren-nen! Bren-nen!

Witwe Pittelkow
Wir brauchen einen neuen Anfang! Das ist es! Und wir
selbst müssen es sein, die einen neuen, großen Anfang
schaffen. Schauen Sie sich doch um: Wer will denn schon
weiter so am Ende leben, ohne Ziel, ohne Zukunft, ohne
Ideal, wo man alles kaufen, aber nichts haben kann, wo sich
alle streiten ... Und so sollen sie nun endlich kommen, die

Barbaren, die diese Kultur hinwegfegen, die machen, dass alles, was uns lieb und teuer ist, all unsere Werte, unsere Geschichten, unsere Musik vom Erdboden verschwindet. Wo seid ihr, alte Götter? Kommt mit Sturmgebraus aus Walhalla, zündet uns an, beginnen wir mit diesem Theater hier, machen wir ein großes Feuer … Feuer … Feuer …

Alle
Feu-er, Feu-er, Feu-er, Feu-er …!

Dora
Frage an die Regie: Können wir die Feuershow vorziehen oder ist es noch zu hell? – Was machen wir: Wir sind in einer weiteren krypto-physikalischen Historienschleife, können wir bitte unterbrechen?

Satanel
fingert wild an den Robotern W2-G2 und B2-P2 herum.

Der Terminal klemmt, der Zeit-Slot spinnt total! Die Quantenschleuder rastet aus …

Voland
Factotum Devotum – un brosch! Un Brosch! Un Brosch!
Ohnmachtszauber der Teufel; Stille

Cecile
Ich möchte an dieser Stelle unseren Meister zu Wort kommen lassen. Er ist noch nicht hier, unser Fontane. Aber es sind seine ordnenden Worte, seine heilsamen Zeilen, die uns Glück und Erbauung bringen. Herr Kapellmeister, bitte!
Song »Beutst du dem Geiste seine Nahrung«, Musik: Jochen Kilian, Text: Theodor Fontane, aus: Sprüche, 5

Cecile
oder jemand anderes

Beutst du dem Geiste seine Nahrung,
So lass nicht darben dein Gemüt,

Des Lebens höchste Offenbarung
Doch immer aus dem Herzen blüht.

TEUFEL

Während des Liedes verteilen die Teufel unter den Damen im Publikum Zettel und sagen dabei immer mal wieder:

Ihre Meinung ist uns wichtig. Bitte ausfüllen und nachher beim Catering abgeben.

Auf den Zetteln steht:

If not yourself, who would you like to be?
a) Rosa Luxemburg
b) Marlene Dietrich
c) Sabina Spielrein
Your favourite qualities in men?
a) Sexiness
b) Energy
c) Muscles

CECILE

singt währenddessen weiter:

Ein Gruß aus frischer Knabenkehle,
Ja mehr noch eines Kindes Lall'n,
Kann leuchtender in deine Seele
Wie Weisheit aller Weisen fall'n
Erst unter Kuss und Spiel und Scherzen
Erkennst du ganz, was Leben heißt.
O lerne denken mit dem Herzen,
Und lerne fühlen mit dem Geist.

Eine Dame ist auf die Bühne gekommen.

EFFI

Verzeihung, und wer sind Sie?

FONTANES MUTTER (CONNY)

Die Mutter. Wissen Sie: Seine Mutter. Ich finde es merkwürdig, dass Sie eine Feier für meinen Sohn veranstalten und mich, seine Mutter, nicht laden. Allein das ist äußerst befremdlich. Aber dass Sie in Ihrem Neuruppin eine Feier veranstalten, dass Sie Ihre Stadt »Fontanestadt« nennen, dass an diesem Haus, dieser Apotheke, wo ich – *Ich* – Theodor geboren habe, nur eine Erinnerungstafel für *ihn* hängt – das finde ich unverzeihlich. Denn wissen Sie …

Sie zieht ein Taschentuch heraus und beginnt zu weinen.

… *er* ist in dieser Stadt geboren, *ich* bin in dieser Stadt *gestorben*. Wissen Sie, was das heißt, sterben? Ich bin hier gestorben, 200 Meter von der Stelle, wo Sie gerade sitzen. Sie feiern und jubeln meinem Theodor zu und ich, ich werde nicht einmal eingeladen. Es ist … so erniedrigend, so … entschuldigen Sie, aber das kann ich Ihnen nicht verzeihen. Es ist nichts demütigender auf der Welt, als Mutter zu sein, bloß die Mutter.

Es folgt eine kleine Koloratur des Weinens mit anschließender Kadenz und Finale. Alle Frauen machen irgendwann mit. Die Mutter kann sich nicht mehr einkriegen, sie weint, kämpft gegen die totale Auflösung, ist wütend gegen das Publikum.

Jetzt heulen alle, die Mutter im Zentrum. Bis Abadonna mit einem Schild über die Bühne läuft, auf dem steht: »Danke, Conny!«

Conny bricht ab; Applaus.

CONNY
überglücklich

Darf ich jetzt?

SATANAEL
Ja, Conny, du darfst.
Musique sentimentale. Conny geht rüber zu den anderen Frauen, streckt die Arme aus und alle brechen noch einmal gemeinsam in Tränen aus.

FRAU VON CARAYON
Ich liebe ihn. Ihren Sohn. Ich gebe zu: Ich liebe ihn.

LENE
Wann kommt er endlich?

CECILE
Er hat uns alle so geschrieben, dass wir ihn lieben müssen.
Das war der Sinn seiner Dichtung. Er wollte viele Frauen
haben. Uns.

WITWE PITTELKOW
Hätte es damals eine Dating-Plattform gegeben, hätten wir
heute keine Fontane-Romane.

FRAU VON CARAYON
Mit uns hat er seine Frau betrogen. Wir sind sein Liebesha-
rem im Cyber-Kopf.

CECILE
Alle seine Huren. Der Hund.

LENE
Wo ist er denn nun?

VOLAND
Meine Damen, ich freue mich außerordentlich, Ihnen
nun einen lieben Freund vorstellen zu dürfen, der mir na-
hesteht wie keiner. So manche Krankheit, die heute zum
guten Ton jeder Zivilisation gehört, haben wir beide erst
gemeinsam erfunden. Gleichzeitig bildet sein nun folgender Vortrag »Frau sein ist schön« den intellektuellen Höhe-
punkt unseres heutigen Abends. Ich bin wirklich gerührt,
dich heute Abend hier zu sehen, mein lieber, alter Freund!
Begrüßen Sie mit einem tosenden Applaus: Professor Dok-
tor Sigmund Leid!

Musik für den folgenden Auftritt

5

Wissenschaftlicher Vortrag

Liebe leider Lust

Prof. Dr. Sigmund Leid

Mein lieber Freund Voland, sehr verehrte Damen und Herren, liebe Teufelinnen und Teufel!

Wie wir wissen, ist die Frau ein reaktives Geschöpf. Der Mann adelt sie mit seinem Begehren, erst durch sein Begehren wird die Frau – zur Frau.

Durch einen Jahrhunderte dauernden patriarchalischen Evolutionsprozess wurde die Frau von ihrer ursprünglichen sexuellen Energie weitgehend abgetrennt. Nimmt man rein medizinisch den Geschlechtsapparat der Frau, so ist er dem des Mannes bezüglich Lustempfindung weit überlegen. Wo der Mann *einmal* kommt, kommt die Frau mehrfach und auf verschiedene Weise. Die wenigsten Frauen heutzutage haben allerdings Zugang zu ihrer Lust. Trotz aller emanzipatorischen bzw. feministischen Bemühungen der letzten Jahrhunderte bleibt die jahrtausendealte Erziehung der Frau als triebverzichtendes, sich unterordnendes Wesen bis auf den heutigen Tag erhalten.

Die Frau ist dem Mann weitestgehend überlegen. Die Unterdrückung der Frau war nach Installierung des patriarchalen Gesellschaftssystems für den Mann ein reiner Akt der Selbsterhaltung. Trennt man die Frau vom Bewusstsein ihrer Lust, trennt man sie von den Wurzeln ihres Selbstbewusstseins. Die Verteufelung von allem, was Lust bedeutet, hat sich ihr bis heute tief ins Unterbewusstsein gegraben.

Die Konnotation der Lust mit etwas, das schmutzig ist, funktioniert hier als unbewusster Reflex. Die Frau will nicht schmutzig sein. Die seitens des Mannes introduzierte Selbstzensur der Frau, eigenbestimmte sexuelle Aktivität ihrerseits als etwas Unwertes, Nuttiges, Schlampenhaftes zu empfinden, funktioniert bis heute erstaunlich gut.

Des Weiteren ist die Idee der Ehe – vor allem in Verbindung mit der Forderung, die Frau müsse jungfräulich, das heißt: vollkommen ohne Vergleich, ohne eigene Erfahrung in die selbige kommen – ein weiteres praktikables Instrument zur Einschränkung der Persönlichkeit der Frau. Seien wir ehrlich, meine Herren: Penisneid ist ein Problem von Männern, nicht von Frauen. Die Idee des Seitensprungs, der sexuellen Aktivität außerhalb der Ehe wiederum ist konnotiert mit Unehrlichkeit, Betrug. Da die Frau sich aus ihrem tief sitzenden Bedürfnis nach Anständigkeit mit Lügen und Betrug größte Schwierigkeiten macht, bleibt die Regel, dass der Mann seine Frau hemmungslos betrügt, während sie sich permanent mit Treue selbstzensiert. Für den Mann sind Lüge und Betrug schon rein von Berufs wegen selbstverständliche Bestandteile einer Erfolgskarriere. Sich als Schaf gebärden und als Wolf agieren ist das Rezept gesellschaftlichen Aufstiegs. Ist für den Mann also kriminelle Energie schon im Berufsleben selbstverständlich, was sollte ihn hindern, dies auf die Familie auszuweiten?

Alles Vorstehende berücksichtigend leuchtet ein, dass die Frau am glücklichsten nur sein kann im Haus bzw. am sogenannten Herd. Hier – und nur hier – kontrolliert sie Hygiene und Gesundheit, Sauberkeit und Anstand, den sie so nötig braucht für ihr eigenes, lustdissoziiertes seelisches Gleichgewicht. Hier – und nur hier – bietet sich ihr sogar die Chance, das männliche Machtprinzip zu dominieren. Beziehungsweise hier, und nur hier, hat die lustentfremdete Frau die Möglichkeit, das triebgesteuerte Begehren ihres Mannes durch ermahnende, vorwurfsvolle oder anderweitig ablenkende Bemerkungen zu neutralisieren. Und kommt so dem Idealzustand einer menschlichen Beziehung am nächsten: Ohne sexuelle Aggressionen, ohne den Druck des Attraktivitätsprinzips, ja mit der Zurückdrängung der Libido werden Sie auch erleben, dass die intellektuellen Ansprüche beiderseits zurückgehen auf ein friedliches Maß an untereinander abgestimmten Lebenserhaltungsfunktionen. So, wie wir uns das Leben wünschen: still, friedlich, einsam.

CECILE
Danke, Herr Professor! So habe ich immer gedacht und habe es doch nie ausdrücken können!

FRAU VON CARAYON
Wie er das auf den Punkt gebracht hat!

WITWE PITTELKOW
Bitte, Herr Professor, ich nehme seit 123 Jahren dieselben Migränetabletten – gibt es da vielleicht heute etwas moderneres, ich meine ...

SIGMUND LEID
Aber selbstverständlich, meine Damen, Sie müssen wissen: Alles ist eine Frage der Endorphine und des Serotonins. Glück findet im Kopf statt. Kleine Wässerchen im Gehirn machen Ihr Glück und Ihr Unglück. Stellen Sie es sich vor wie ein Sinfonieorchester: Wenn Sie glücklich sind, dann spielen alle Instrumente tutti eine rauschende Melodie – und wenn Sie gerade von Ihrer Liebe verlassen wurden, dann spielt eine einsame Klarinette einen traurigen Ton. Aber am unangenehmsten ist, wenn die Harmonien und Töne in Ihrem Kopforchester durcheinandergeraten. Dann haben Sie atonale Klänge in Ihrem Kopf, dunkle Cluster, wirres Gespuke, sägendes Fiepen, alles poltert durcheinander. Was machen Sie, wenn die Halb- und Vierteltöne einmal aus den Regalen in Ihrem Kopfkasten gefallen sind,

wenn der Tritonus an Ihren Nerven zerrt? Aufräumen? Keine Chance. Da erschießen Sie sich besser gleich, meine Damen! Eine Frage an die Regie: Könnten wir bitte die Kopfnummer haben?

Stimme aus der Regie
Zu Nr. 6 »Tanz der Endorphine« Frau Biglmayer, Frau Maruschke, Frau Nielsen, Fräulein Mellin, Fräulein Schwarz, Fräulein Meyer, Fräulein Dorsey, Frau Monciu, Frau Jahr und Frau Fischbach zur Bühne bitte.
(Namen abhängig von jeweiliger Aufführung und Besetzung)

Dora Diabella
Ich möchte bitte auch mitspielen!

Stimme aus der Regie
Für Ihre Figur ist das nicht logisch.

Dora
Dazu bin ich viel zu sehr Frau!
Die Damen nicken kurz und setzen sich dann, wenn auch seufzend, Endorphin-Mützen (die ein bisschen aussehen wie die Mützen der Schlümpfe) auf den Kopf oder ziehen sich entsprechende Anzüge über. Im Folgenden spielen sie die Endorphine. Eine Pantomime.

Die Teufel und Voland trinken Sekt und betrachten die Szene.

Sigmund Leid
in Richtung Regie
Musik bitte ab!

153

6

Tanz der Endorphine

The story of Effi

Musik. Glücklich, lustig. Im Folgenden passt sich die Musik immer der Situation an: von romantischer Liebesglut über unbeschwerten Cool-Jazz über barockes Menuett bis zu verschiedenen Arten der Atonalität.

SIGMUND LEID

Effi Briest war ein junges, fröhliches Mädchen, das mit ihren Freundinnen Hertha, Bertha und Hulda im Garten des Hauses in Hohen-Cremmen spielte. Die Kinder waren glücklich. Effi liebte es, zu schaukeln. Sie schaukelte immer höher und höher …

Endorphine tanzen glücklich den Girlie-Hopser, allgemeine Euphorie, Walzer, Kinderlied, fröhlich schaukeln etc.

Eines Tages hält der Baron Innstetten, Gerdt …

ENDORPHINE

erstarren und schreien

Iiiiiieh!

SIGMUND LEID

… um Effis Hand an. Er ist 20 Jahre älter als Effi und hatte vor 20 Jahren schon um die Hand ihrer Mutter angehalten – erfolglos. Diese hatte den Gutsbesitzer Briest vorgezogen. Effis Mutter teilt ihrer 16-jährigen Tochter mit, dass Innstetten, Gerdt …

ENDORPHINE

noch lauter

Iiiiiiiiiieeeeh!!!

Sigmund Leid

… sich mit ihr verheiraten will.

Endorphine

Eklige Musik. Die Endorphine verkrümmen sich, zittern, wälzen sich, spielen Wand oder stehen traurig in der Gegend herum.

O nee!

Sigmund Leid

Immerhin macht es Spaß, mit der Mutter in Berlin für Hochzeit und Ausstattung einzukaufen.

Die Endorphine trotten mit hängenden Armen wie gelangweilte Kinder halb amüsiert im Kreis herum. Gucken mal rechts, mal links. Sehen im Schaufenster auch mal was Interessantes: Eines kann auch mal freudig hüpfen und mit dem Finger irgendwohin zeigen und sagen: »Pelz!« Die Musik wird harmonischer.

Sigmund Leid

Nach dem Ja-Wort erlebt Effi ihre Hochzeitsnacht.

Wieder schrille Musik, Endorphine verkrampfen sich, sie sind total uneins, diskutieren untereinander.

Endorphine

Wir müssen ihn reinlassen.
Ich will nicht, ich will nicht!

Das heißt, einige versuchen »Hebel« in Bewegung zu setzen, andere hocken sich auf die Erde und mimen einen Embryo. Steigerung. Am Ende kriegen alle einen Stoß, werden gestoßen – Steigerung – und es gibt Orgasmus (auch musikalisch), Kreischen bei den Frauen und ein baritonales Stöhnen eines Mannes (Teufel oder in der Musik).

Sigmund Leid

Effi und ihr Mann, Baron Innstetten …

Endorphine

erschöpft, jammern resigniert

Geeeerdt

Sigmund Leid
... sind auf Hochzeitsreise. Sie besuchen sämtliche Museen, Innstetten erklärt Effi die Kunstgeschichte der Pinakothek und die Historie des Stadtbaues von Venedig. Effi ist vor allem müde.

Endorphine trotten desinteressiert mit hängenden Armen im Kreis herum, bleiben stehen und gucken, trotten weiter, bleiben stehen und gucken, trotten weiter. Immer langsamer, am Ende sind alle kurz vor dem Einschlafen.

Sigmund Leid
Nach der Hochzeitsreise kommt das Paar in Kessin an, wo Innstetten ...

Endorphine
erschöpft:

»Geeeerdt«

... Landrat ist. Es wird ein Haus bezogen, in dem es spukt. Effi ist nun Frau Landrat, hat ihr Heim und Haus und kann vor allem: *schlafen.*

Die Endorphine schlafen ein; ein Schlaflied.

Sigmund Leid
In der Nacht hört Effi ein Rascheln im oberen Stock, es ist der spukende Chinese, der sie in Angst und Schrecken ...

Stimme aus der Regie
Nein, Chinese ist gestrichen, das wird zu lang.

Sigmund Leid
Verzeihung. Wir überspringen also die nächsten neun Monate, und Effi bekommt ein Kind.

Endorphine
Große Szene. Endorphine spielen Geburt; laufen und sprechen durcheinander.

Wir bekommen ein Baby! Alles klar bei euch? Heute Nacht geht es los. Ja, es ist so weit. Bitte alle auf Position!

Alle fassen sich bei den Händen und bilden einen großen Kreis, musikalisch unterstützt.

Stimme aus der Regie
Achtung bitte: Wehen. Uuund: Pressen!

Alle rennen in die Mitte.

Los, gebt euch Mühe, los, verdammt, preeeeessssssen ... und jetzt, jetzt, jetzt ...

Das Ganze drei Mal. Dann schreien die Frauen. Das Baby ist geboren. Baby schreit auch (Tonband). Die Frauen sind total glücklich.

Endorpine
Wow, wir haben's geschafft! Ich fass es nicht! Ist das zu fassen? Oh, ich bin so glücklich, so glücklich, glücklich. Wir haben ein Baaaby!!! Hey, Wahnsinn!

Aber auch und zunehmend übergehend in:

Aua aua, mir tut alles weh! Ich bin müde, ich möchte schlafen.

Musik geht zurück, wie fade out.

Sigmund Leid
So vergeht ein weiteres halbes Jahr. In der abgelegenen Kleinstadt Kessin gibt es immerhin Ressourcenbälle, dort kann man tanzen und Theaterspielen, dort gibt es auch eine sogenannte Gesellschaft, es gibt Kutschfahrten. Und es gibt: Major Crampas. Crampas ist ebenfalls deutlich älter als Effi. Er bemüht sich um sie. Er ist ein Charmeur. Und ja, wahrscheinlich verliebt er sich ehrlich in Effi. Und Effi?

Endorphine werden allmählich wieder wach. Ein Ton von der Bassklarinette.

Sigmund Leid
Effi trifft Crampas in Gesellschaft.

Endorphine tanzen Menuett miteinander.

Sigmund Leid
Dann allein.

Endorphine animiert, bleiben stehen, umarmen sich tanzend selbst.

Dann noch alleiner.

Endorphine breiten die Arme aus, als wollten sie jemanden umarmen.

Crampas küsste Effi.

Endorphine fangen an zu zittern.

Und dann, zwischen den Dünen, am Nachmittag, kommt es zum Ehe...*bruch*!

Endorphine geraten jetzt ungeheuer in Bewegung, auch musikalisch große Steigerung, alles fließt, die Liebe ist jetzt ganz einfach, rauschend, dann endlich, am Ende: ORGASMUS. Aber kein schrill-schmerzender wie zuvor, sondern jetzt romantisch-rauschend-harmonisch.

Endorphine schreien, dann kurzer Moment der Besinnung, dann alle Arme hoch und jubeln: »Jaaaa!« Fallen sich gegenseitig in die Arme, klatschen sich ab, immer mal eins zeigt den Stinkefinger und sagt: »Geeerdt!«

Sigmund Leid
Am Ende bekommt Effi ein schlechtes Gewissen.

Endorphine
Durcheinander, sie beschweren sich »oben«, diskutieren.

O nee, ne? Muss das sein? – Echt ey. – Ja, doch. – Das ist besser so. – Nein, das ist doch Scheiße. – Nein, komm, sie hat ihren Mann betrogen. – Außerdem will sie in den Himmel. – Wer will *das* denn? – Sie hat ein Kind! – Na und? – Also los, Leute: schlechtes Gewissen!
Sie spielen alle Kopfschmerzen, mit Griff an den Kopf etc.

Oh. – Ach. – Uh. – Nee. – Äärch.

Sigmund Leid

Innstetten wird nach Berlin versetzt, Effi ist endlich weg aus
Kessin, endlich weg von Crampas, endlich wieder in der
Nähe ihres geliebten Hohen-Cremmen, und findet endlich
in ihrem Leben Ruhe und so etwas wie … Zufriedenheit.

Endorphine spielen das Hand-in-Hand-Spazierspiel, hüpfen auch mal
fast übermütig; Friede, Freude, Eierkuchen.

Sigmund Leid

So vergehen sechs Jahre.

Endorphine treten immer gelöster und befreiter auf.

Sigmund Leid

Dann findet …

plötzlich schrill

… Geerdt …

Endorphine erstarren, Musik bricht ab.

die Briefe, die Crampas an Effi geschrieben hatte. Er du-
elliert sich mit Crampas, erschießt diesen – und verstößt
Effi, sie darf nicht mehr nach Hause kommen. Sie darf ihre
Tochter nicht mehr sehen. Auch Effis Eltern verstoßen sie.
Sie lebt nun allein in einer kleinen Wohnung auf einem
Hinterhof in Berlin.

Endorphine

ängstlich, verschreckt flüsternd

Geerdt!

Sie haben Angst; musikalisch nur noch die traurige Klarinette; Endorphine drehen sich nur noch im Kreis, wie angenagelt, gefangen in
einem Käfig, furchtbar verängstigt, schockiert, versteinert.

Was sollen wir hier? – Ist das das Ende? – So dunkel? So
allein? – Ohne mich.

Dann fangen einige an, die Bühne zu verlassen.

Es ist eine Depression, eine psychische Krankheit. Die Endorphine verlassen Effis Kopf … und schließlich stirbt sie.

Die Endorphine spielen das, gehen raus; am Ende bleibt ein letztes Endorphin übrig und hält folgenden Monolog:

Letztes Endorphin

Wie stellt ihr euch das vor? Ich kann hier nicht alles alleine machen! Das ist mein Ernst! Warum haut ihr alle ab? Ich meine, es geht ihr schlecht, klar. Sie wird sterben. Wollt ihr das? Es ist doch immer wieder das alte Ding: Ist das Glas halbvoll oder halbleer – oder? Es muss doch trotzdem eine Möglichkeit zum Weiterleben geben. Ich meine: Da ist doch noch was. Sie ist gesund, sie ist jung. Klar kann man sich beklagen, hilft aber nix. Hauen wir jetzt alle ab? Ey, das ist nicht zu fassen: Die verpissen sich alle! Na gut, dann geh ich jetzt auch.

nach oben

Ich geh jetzt. Sorry Effi.

Es macht Musik und Licht aus, indem es in die Luft schnipst. Effi stirbt. Heißt: Die Ballkönigin, unsere richtige Effi, fällt um. Alle zu ihr, sie erwacht wieder. Applaus. Alle gratulieren ihr durcheinander.

Alle

Was für ein tolles Leben, Leid, das Spiel eben, großartig, wirklich toll, danke!

Sigmund Leid hat auch einen Wahnsinns-Job gemacht und bekommt einen Blumenstrauß. Die Frauen/Endorphine klatschen sich ab, Abadonna präsentiert die Band »The devils rubato band«, die Band spielt Tusch, echt geile Show, hat Spaß gemacht. Alles feiert sich.

7

Hochzeit und Pause

Fete mit Mete

Effi

Sehr geehrter Herr Sigmund Leid, wenn ich noch einmal ein Thema Ihres Vortrags aufgreifen darf: »Wozu Heiraten?«

Ich denke allerdings, dass gerade ältere Männer als Versorgungseinrichtung für Frauen durchaus praktischen Wert besitzen. Wenn jetzt Frauen wiederum mit jüngeren Männern sozusagen ganz frei und …

In der Mitte der Bühne steht plötzlich eine Frau. Etwas scheu, aber mit trotzigem Selbstbewusstsein.

Effi

Verzeihen Sie – und wer sind *Sie*?

Mete

Verzeihen Sie, aber ich möchte nichts sagen. Ich möchte nicht, dass heute Abend erfundene Worte von mir gesagt werden. Ich möchte nicht, dass mir irgendein Dichter Worte in den Mund legt, die ich nie gesagt habe. Ich verlange, dass man ausschließlich mit authentischem Textmaterial über mich bzw. von mir agiert. Alles andere werde ich für eine vorsätzliche Fälschung meines Lebens halten und dagegen juristisch vorgehen. Ihre künstlerische Freiheit können Sie sich in den Arsch stecken.

Effi

Meine sehr verehrten Damen und Herren. Ich darf Ihnen hier eine weitere liebe Freundin vorstellen, die Tochter von Theodor Fontane. Martha Fontane. Genannt: Mete.

FRAUEN
Oh – Ah – Mete!

Vielleicht Applaus; die Teufel schauen in ihre Registrierkarten oder programmieren am W2-G2.

EFFI
Liebe Mete, ich freue mich wirklich unbändig, dass Sie gekommen sind. Sie sind mir ein ganz besonders lieber Gast am heutigen Abend. Stammt von Ihnen folgender Satz: »Ach, es ist großartig, nicht verheiratet zu sein«?

METE
Ja, das habe ich gesagt.

EFFI
Stimmt es, dass ihr Vater über Sie gesagt hat, sie seien eine »mit einer Flasche Rotwein gegen Angst verteidigte Dame«?

METE
Ja, das hat er gesagt.

EFFI
Sie haben sich in den Vater Ihrer Freundin verliebt, Herrn Julius Stockhausen und sagen den gemeinsamen Urlaub ab. Ihr Herr Vater führt zum Thema aus: »Irgendetwas Absonderliches spukt ihr immer in Kopf und Leber. Wenn es das Kriterium genialischer Naturen ist, dass das Allerklügste und Allerdümmste bei ihnen dicht beieinander liegt, so ist sie ein Hauptgenie. Das Thema Mete ist unerschöpflich.« Zitiere ich richtig?

METE
Ja.

EFFI
Stimmt es, dass das Manuskript einer Novelle, die Sie geschrieben haben, trotz Vermittlung Ihres Herrn Vaters vom Herausgeber der Illustrierten Frauen-Zeitung im Jahre 1883

mit den Worten abgelehnt wurde: »Die Novelle des Fräulein Fontane ist, von anderen Mängeln abgesehen, ohne jegliche Handlung.«

METE
Ja, das ist wahr.

EFFI
Hat Sie das nicht verletzt?

METE
Was denkst du denn, Schätzchen!

EFFI
In ihrer Jugend waren Sie oft eingeladen bei Freundinnen, deren Familien deutlich vermögender waren als die Ihre. Hatten Sie sich, vielleicht in einer Mischung aus echter Zuneigung und materieller Bewunderung, in diese jungen Frauen verliebt?

METE
Das wüsste ich selbst gern.

EFFI
Hat es Sie verletzt, als diese Damen geheiratet haben und Sie selbst sozusagen übrig blieben?

METE
Die Mittelmäßigkeit meiner Mitmenschen ermuntert mich.

LENE
Das hat sie wörtlich so gesagt – ich kenne sie.

METE
Ich leide an Herz-Ungehörigkeiten.

CONNY
Das hat ihre Mutter über Mete gesagt.

EFFI

In Metes jungem Leben ging einiges schief. Eheanbahnungen mit Männern, die sie vielleicht mochte oder hätte mögen können, kamen nicht zustande.

METE

»Was soll ein kleiner Landprediger oder Gymnasiallehrer, wenn er sich nicht über den Durchschnitt erhebt, mit mir schon anfangen? Ich fühle, ich bin eigentlich ein Luxus und kann eigentlich nur glücklich sein, wenn ich als solcher aufgefasst werde.«

LENE

Das hat sie gesagt, wirklich!

EFFI

Nun, kurz vor dem Tode des Vaters konnte Mete endlich verheiratet werden. Sie heiratete den 22 Jahre älteren Architekten und Autor Karl Emil Otto Fritsch – pikanterweise erst seit zwei Monaten Witwer – und lebte mit ihm in Waren an der Müritz. Am 4. Januar 1899 fand die Trauung statt.

METE

Die Mittelmäßigkeit meiner Mitmenschen ermuntert mich.

STIMME AUS DER REGIE

Nein, keine Hochzeit, wir springen gleich auf den Selbstmord.

EFFI

Es war kein Selbstmord.

FRAUEN

Moment bitte. Wir hätten gerne die Hochzeitsszene!

DORA

Ist doch nicht so wichtig.

Frauen
durcheinander

Was heißt hier nicht wichtig? Ist das heute eine Feier oder eine Geschichtsstunde? Ich habe Hunger, wir möchten was essen, wir möchten die Hochzeitsszene spielen. Bitte, Herr Voland, Sie sind der Chef hier, also wir möchten jetzt gerne essen. Schließlich stand das mit auf der Einladung.

Voland
Hochzeit, Feier, Bankett!

Hochzeitsmarsch. Mete und K.E.O. Fritsch werden verheiratet. Eine riesige Tafel wird gerichtet oder es kommt Servicepersonal vom Catering mit Tabletts mit Sekt. Darunter Zeremonie.

Cecile
Willst du die 20 Jahre jüngere Martha Fontane zu deinem Eheweib nehmen?

Witwe Pittelkow
Willst du ihr vorlesen, willst du sie ehren, willst du ihren Charakter achten, willst du ihr die Füße massieren?

Carayon
Willst du ihr all dein Geld geben?

Cecile
Willst du versprechen, sie nicht mehr als einmal im Monat zu begrapschen?

Lene
Willst du versprechen, ihr keine Kinder zu machen, wenn sie keine Kinder will?

Witwe Pittelkow
Willst du akzeptieren, dass sie dich betrügt, wenn sie einen Jüngeren findet?

Victoire
Und sich verliebt?

Alle
Willst du das?

Der Mann
Ja – ich will.

Alle
Bravo! Applaus!

Satanael
ins Publikum

So lade ich euch alle, die ihr verheiratet seid oder nicht, die
ihr euch liebt oder nicht, die ihr glücklich seid – und sei es
nur für diesen Abend – an diese Tafel. Esst, trinkt, wollt,
küsst!

Auflösung mit Musik und Übergang in die Pause. Ensemble geht ins Publikum und holt die Leute spielerisch aus den Sitzen. Damen fordern Herren auf, die Herren Damen. Man geht untergehakt zum Catering.

II.

Musik. Die Teufel bitten die Gäste wieder auf ihre Plätze. Die Damen sind bereits auf der Bühne.

ABADONNA
Ladies and Gentlemen, welcome back to our show, happy to have you here, happy to introduce you our wonderful orchestra: »The devils rubato band«!

1

Wissenschaftlicher Vortrag
Fontane.300 – Ausblick auf die Leitausstellung 2119

VOLAND
Meine Damen und Herren, verehrte Gäste, blicken wir voraus! Blicken wir auf *Fontane*-Punkt-*Dreihundert*! Genießen wir einen Ausblick auf die Leitausstellung im Jahr 2119! Ich begrüße unseren Kollegen Prof. Dr. Alfred Keinstein!

PROF. DR. ALFRED KEINSTEIN
Zwei Ereignisse haben die literaturwissenschaftliche und museale Arbeit des letzten Jahrhunderts entscheidend geprägt:

Zum einen haben wir hier die Neue Europäische Bauverordnung aus dem Jahre 2049. Im Zuge des fortschreitenden Klimawandels wurde die vollständige Renaturalisierung des Baustoffes Holz beschlossen. Holz als Baustoff war nicht nur fürderhin verboten, es mussten auch sämtliche mit Holz erbauten Gebäude rückgebaut und dessen organische Bestandteile dem natürlichen Verwesungsprozess der Natur zurückgegeben werden. Als Baumaterialien für Neubauten waren ab 2050 nur noch Stahl, Glas und Beton zugelassen.

Dieses Gesetz löste den Bauboom des Jahrzehnts zwischen 2050 und 60 aus.

Besonders die Rückständigkeit des Landes Brandenburg aufgrund der vielen historischen Innenstadtkerne führte zu einer Konjunktur-Rallye, mit dem Brandenburg einen Spitzenplatz unter den Bundesländern belegte. Es kam zur vollständigen Demontage sämtlicher Fachwerk-, Gutshäuser und Schlösser; Kirchen – wenn sie aus Stein gebaut waren – durften mit Ausnahmegenehmigungen im Bestand bleiben. Der gesetzlich ausdrücklich verbotene Erhalt von historischen Gebäuden mit Holzsubstanz zog für Städte und Gemeinden nach der Zusatzverordnung der Europäischen Union Paragraph 64 nach BhGoS und der Verschärfung des Bauverbots im Brüsseler Edikt von 2053 empfindliche Strafen nach sich. So wurde endlich auch Schloss Rheinsberg im Juli 2054 kontrolliert demontiert; leider ist dabei das Kurt-Tucholsky-Archiv teilweise verbrannt, teilweise anschließend verwest. Man verdächtigt hier einen Enkel des ehemaligen Museumsleiters aus der Familie Böthig der Brandstiftung, was jedoch nie nachgewiesen werden konnte. Wobei die Aufbewahrung von historischen Daten auf Papier durch den im Jahre 2040 mit dem 25G-Netz nahezu abgeschlossenen Digitalisierungsprozess glücklicherweise sowieso längst überflüssig geworden war.

Das zweite bestimmende Ereignis war die Privatisierung sämtlicher deutscher Landesregierungen. Das brandenburgische Ministerium für Wissenschaft, Forschung und Kultur ist hierbei in dem chinesischen Fond »Development of German Culture« aufgegangen. Verwaltung und Forschung basiert seitdem vollständig auf künstlicher Intelligenz. So kann nichts von unserem kulturellen Erbe verloren gehen.

Und war es nicht Fontane selbst, der uns mit seinem bahnbrechenden wissenschaftlichen Standardwerk »Effi Zienz« den Weg in die Moderne gewiesen hat? Eine erste Optimierung unserer literaturwissenschaftlichen Forschungsarbeit seitens der künstlichen Intelligenz konnte durch die Fusion der Fontane- mit der Tucholsky-Gesellschaft erreicht werden. Dies ist eine naheliegende Strukturmaßnahme aufgrund der örtlichen Nähe der beiden Gedenkstätten. Fürderhin firmiert die Gesellschaft als Fontolsky-Gesellschaft. Auch hat die künstliche Intelligenz überraschende neue Forschungsergebnisse zutage gefördert: So wurde zum Beispiel festgestellt, dass der Vorname eines der Pseudonyme von Kurt Tucholsky – Theobald Tiger – mit dem Fontane'schen Vornamen übereinstimmt: Theobald. Im Jahre 2117 konnten wir so bereits das 50-jährige Bestehen der Theobald-Fontolsky-Gesellschaft feiern.

Im Jahre 2119 hat sich die Dachmarke »Fontolsky« in der Region einheitlich durchgesetzt. Historische Irrtümer sind ausgeschlossen, dies gilt – Gott sei Dank – auch für die preußische Geschichte. Voller Stolz verweisen wir weiter auf die kulturtouristischen Höhepunkte der Region: Wandeln Sie weiter auf den Spuren des Dichters mit seinem Hauptwerk »Irrungen und Wirrungen durch die Mark Brandenburg«, das übrigens bereits im Jahre 2024 von dem berühmten Stummfilmregisseur Otto von Wynen mit viel Liebe zum Detail in einer 34einhalbstündigen Doku-Serie verfilmt wurde. Das seit 2053 virtuelle Schloss Rheinsberg beherbergt weiterhin die Erinnerung an unseren Kronprinzen Kurt sowie natürlich die von Ihnen so lieb gewonnene Peter-Böthig-Gedenkstätte. Auch die Identität der Geliebten des preußischen Kronprinzen konnte aufgeklärt werden: Es handelt sich dabei um die »schöne Uta«, eine Notarstochter aus Neuruppin, die ihre Erinnerung an die Schäferstunden mit dem Prinzen sogar in einem Tagebuch mit dem Titel »Neben der Spur« festgehalten hat. Auch der fast vergessene Ruppiner Minnesänger Frank Matthus wurde von der Künstlichen Intelligenz wiederentdeckt: So bleibt sein Anfang des Jahrtausends gegründetes Volkslied-Festival Kammeroper Dorf Netzeband im brandenburgischen Gedächtnis für immer verankert. Und natürlich pflegen wir weiter die Erinnerung an die als Grundstein brandenburgischer Identität zu betrachtende europäische Wanderbewegung, in der vor genau 444 Jahren schwedische und brandenburgische Jugendliche in dieser Region aufeinandertrafen. Historische Details wurden mittels künstlicher Intelligenz virtuell aufbereitet und können im Doku-Game »Fehrbellin, ein Bilderbuch für Verliebte« von breiten Bevölkerungsschichten nachgespielt werden. Geschichtliche Vorkenntnisse sind nicht nötig.

WITWE PITTELKOW
Wann brennen wir endlich?
Eine der Frauen singt sehr leise und langsam:

Lobt das Lernen, mehrt das Wissen,
Preist des Volkes Schöpferkraft!
Unsre Zeit greift nach den Sternen,
Ehr' und Ruhm der Wissenschaft!
Vorwärts, Freie Deutsche Jugend!
Der Partei unser Vertrau'n!
An der Seite der Genossen
Wolln wir heut das Morgen bau'n,
Wolln wir heut das Morgen bau'n.

2

Digitalisierung ff.

Darwins Enkel

Im Laufe der folgenden Szene finden sich Teufel und Damen zu Paaren zusammen. Die szenischen Vorgänge werden pantomimisch gezeigt.

SATANAEL

Die Familie der Hominidae und ihrer Unterfamilien der Ponginae und Hominae sowie der heute noch lebenden Gattungen der Pongo (Orang-Utans), Gorilla, Pan (Schimpansen) und Homo leitet sich von der Aufspaltung der Gattung der Schimpansen her. Pongini, Gorillini und Panini gehen endlich auf in den Homini. Die Erforschung der Stammesgeschichte zieht – im Rahmen der von Thomas Henry Huxley bereits 1863 begründeten Lehre von den Primaten – alle fossilen und heutigen Lebensformen der Affen in die Betrachtung ein. Die – nennen wir sie kurz: Primis – entwickelten sich über den Australopithecinen über den Homo habilis und den Homo rudolfensis endlich zum Homo sapiens, dem Jetzt-Menschen oder auch modernen Menschen, der sich zu Lebzeiten unseres verehrten Jubilars Herrn Theodor Fontane noch einmal aufgespalten hat in den Homo kommunistensis und den Homo kapitalistus, wobei Letzterer sich nach der schon erwähnten 1863 von Huxley begründeten Lehre von den Primaten Anfang des 21. Jahrhunderts vollständig durchgesetzt hat.

Trotzdem kann man im sogenannten Tier-Mensch-Übergangsfeld noch lange nicht von einer abgeschlossenen Entwicklung sprechen.

Im weiteren Verlaufe des 21. Jahrhundert entwickelt

sich aus dem Homo kapitalistus der Europaeo digitalensis, kurz: Diggi genannt.

Die Diggies des 21. Jahrhunderts praktizierten eine Fortbewegungsart, die bislang von keiner anderen Tierart bekannt ist. Sie bewegen sich fort unter Anwinklung der linken Vorderpfote.

Dazu kommt, dass sie sich in der Umwelt nicht mehr mittels direkter optischer Anschauung orientieren, sie lesen ihren Weg aus der linken Vorderpfote und nennen es Navigation. Das optimiert überflüssige visuelle Reize und verhindert das übliche individuelle Durcheinander

Durch Zentren künstlicher Intelligenz – auch »Wolke« genannt – werden die Diggies effizient gesteuert, zeit- und energieraubende Konfrontationen können hiermit vermieden werden.

Auch die Organisation des Zusammenlebens der Diggies konnte somit wesentlich effizienter gestaltet werden. Unter den Homo sapiens war es zu Beginn des 21. Jahrhunderts immer wieder zu heftigen Streitereien gekommen – man nannte es »Demokratie« –, die beinahe zur Auslöschung der Art geführt hätten. Der Ausweg aus der Krise war, den Diggi vollständig auf das ihm innewohnende Besitzstreben zu fokussieren, meint: sein Konsumverhalten unaufhörlich zu steigern. Erst durch die vollständige Kommerzialisierung der Diggies seitens der Künstlichen Intelligenz und der Ausrichtung ihrer Libido auf reines Kaufverhalten konnten die Unruheherde ständiger intellektuell-konfrontativer Infektionen der früheren Lebensform vollständig ausgemerzt werden.

Vor hundert Jahren gab es noch sogenannte Handys. Seit der letzten technischen Revolution im Jahre 2025 werden den Diggies gleich nach der Geburt Chips in die linke Vorderpfote implantiert. So haben sie lebenslang ihr ganz persönliches Display, was automatisch nach Altersstufe upgedatet wird.

Auch die Kommunikation haben die Diggies erfolgreich optimiert. So ist zum Beispiel das direkte Sprechen nahezu verschwunden. Ein Diggie des 22. Jahrhunderts verfügt nur noch über einen äußerst effizienten Wortschatz.

Jemand blubbert wie ein Neandertaler.

Dafür ist der Datenaustausch – oder auch das sogenannte Schreiben – unter Zuhilfenahme der rechten Vorderpfote ...

Man sieht es.

... weiter optimiert. Denken wir nur, wie umständlich und zeitaufwendig sich noch unser heute zu ehrender Meister Fontane in Briefen ausdrücken musste! Rücksichtnahmen und Entschuldigungen für die Verspätung der Post nicht eingerechnet. Diggies im 21. Jahrhundert verabreden sich zeiteffizient

Satanael liest aus der linken Vorderpfote eines Diggies:

»Mo 3 in bhf. Jtzt k Zt.«

In den 30er Jahren des 21. Jahrhunderts kam es schließlich auch zu einer sexuellen Revolution. Wenige Jahre zuvor hatten die ständigen gegenseitigen Erniedrigungen von Mann und Frau beim Geschlechtsakt zur sogenannten #Metoo-Debatte geführt. Durch bahnbrechende Neuerungen bei der Digitalisierung der Erotik konnten die Diggies der zweitausenddreißiger Jahre auf die Notwendigkeit gegenseitiger Begegnungen für die sexuelle Befriedigung vollständig verzichten. Durch digitale Reize und auto-manuelle Anwendungen wurde das Geschlechtsleben der Diggies somit farbiger, abwechslungsreicher, individueller und vor allem: vollkommen gewaltfrei.

Fortpflanzen müssen sich die Diggies leider noch immer auf die alte Art und Weise. Im Zuge des #Metoo-Crashs im Jahre 2033 ist die Geburtenrate bedrohlich gesunken. Die Diggies kamen hier auf die Idee, die »jungfräuliche Empfängnis« neu zu erforschen, leider ist aber diese Befruchtungsmethode vor über 2000 Jahren verloren gegangen. Die Diggies müssen sich also zur Fortpflanzung nach wie vor begegnen, aber auch hier hilft die Navigation, Zeit zu sparen. Man muss sich nicht wirklich kennen lernen, man erstellt von sich ein Profil. Erst dann kommt es zu Verabredungen.

Zwei Diggies stehen sich gegenüber, Blick in die eigene Hand.

Wenn einem dann der gedatete Partner nicht zusagt, muss man sich nicht lange entschuldigen und erklären. Mit einer kurzen Handbewegung ist die Beziehung beendet.

Die Diggies blicken sich kurz gegenseitig ins Gesicht, schauen dann wieder in die Hand, wischen über den Bildschirm und gehen weiter zum(r) Nächsten.

Die App »Fortpflanzung« wird im Alter der Geschlechtsreife in den Chip geladen. Die Diggies treffen hier ihre Auswahl, und schon kann es losgehen.

Wir sehen aufgeregtes Wischen, immer mit Blick auf das Display, dann steuern zwei aufeinander zu, stehen voreinander, es wird wieder gewischt und man geht zum Nächsten.

Um das mittlerweile ungewohnte Handling des »Miteinander-Schlafens« zentral zu steuern, bedarf es weiterer Hilfeleistungen durch die Apps. Schon der Begriff »miteinander schlafen« aus dem prüden 20. Jahrhundert führt, wie man sieht, zu Missverständnissen.

Zwei Diggies lehnen aneinander und schlafen.

Hier greift die künstliche Intelligenz sofort ein.

Pling, und die beiden erwachen und schauen in die linke Hand.

Eine weitere App »Pants down« ...

Hosen runter

... erklärt dann die nächsten Vorgänge, in der App »Get up – go crazy« ...

Stimulierung

... kann man dann in einer Bildergalerie noch einmal seine persönlichen Vorlieben ganz individuell aktivieren.

Die Diggies grunzen bzw. kreischen lustvoll, immer mit Blick auf den Bildschirm in der Hand.

Um es für die Diggies nicht zu kompliziert zu machen, gibt es dann nur noch die Wahl zwischen der App »Butterfly«

Blümchensex

... oder »Spooning«

Löffelstellung

Hat man sich entschieden ...

Die Diggies tun es und haben vielleicht auch mal gewechselt, weil es zu Irritationen bei der Begegnung »Butterfly« und »Spooning« gekommen ist.

... ist der Vorgang »Do it, pack in« – um die Krankenkassen vor Schmerzensgeldforderungen zu schützen – mit dem Warnbutton: »Take care, can hurt!« gekennzeichnet.

leichtes »Aua« bei den Diggies

Und schon kann es losgehen.

Die Diggies fangen an sich rhythmisch zu bewegen, schauen dabei aber immer in ihre linke Hand.

Nun können die Diggies wieder in einen ganz individuellen Modus umschalten und sich ihre eigenen Bilder in die Hand laden. Natürlich ist die Künstliche Intelligenz über die sexuellen Vorlieben der Diggies viel besser informiert als diese selbst, so dass die App nach einiger Zeit ganz automatisch in das Level »Common climax« ...

... schaltet und diesen bei entsprechend aktualisierter Software auch zuverlässig lenken wird.

Die Diggies fangen jetzt unter Ah! und Oh! an zu stöhnen.

Und dann wird durch einen einfachen Knopfdruck in der Zentrale die neue Generation gezeugt.

Satanael drückt auf den Knopf und die Diggies »kommen« mit einem lauten Schrei.

Vielen Dank, meine Damen und Herren! An dieser Stelle gibt es immer Applaus.

Die Diggies verbeugen sich.

3

Schluss mit lustig

Fontane hilf!

FRAU VON CARAYON

Aufhören! Was soll das? Ist das Kunst? Theater? Spott? In was für einer Zeit leben Sie nur? Wo man sich über alles blödsinnig lustig macht? Ich will das nicht! Ich bin hier wegen Fontane. Er hat mich geschrieben. Ich will ihn kennenlernen. Ich will ihn nicht verlieren. Nicht aus meinem Leben. Nicht aus dem heutigen Abend. – Ein Gedicht, von ihm. Kennt einer ein Gedicht von ihm?

Musik. Pas de deux. Unter dem folgenden Gedicht tanzen zwei Tänzer.

WITWE PITTELKOW

aus Fontanes Gedicht »Ja, das möcht' ich noch erleben«

Eigentlich ist alles soso
Heute traurig, morgen froh,
Frühling, Sommer, Herbst und Winter
Ach es ist nicht viel dahinter.

Aber mein Enkel, soviel ist richtig,
Wird mit nächstem vorschulpflichtig,
Und in etwa vierzehn Tagen
Wird er eine Mappe tragen,
Löschblätter will ich ins Heft ihm kleben -
Ja, das möcht ich noch erleben.

Eigentlich ist alles nichts,
Heute hält's und morgen bricht's

Hin stirbt alles, ganz geringe
Wird der Wert der ird'schen Dinge;
Doch wie tief herabgestimmt
Auch das Wünschen Abschied nimmt,
Immer klingt es noch daneben:
Ja, das möcht ich noch erleben.

Cecile
Unmöglich. Wie ich das hasse: Er-leben! Er-kenntnis, Er-fahrung, Er-folg … Warum heißt es nicht: Sie-leben, Sie-Kenntnis, Sie-fahrung, Sie-folg?! Die deutsche Sprache ist ein einziger Chauvinismus!

Angie
Dann sprechen Sie doch! Beschweren Sie sich! Klagen Sie! Schreien Sie! Wann, wenn nicht heute? Es sitzen so viele Leute hier und hören Ihnen zu! Was wollen Sie?

Cecile
Klarheit. Über Fontane.

Effi
Über uns.

Frau von Carayon
Warum er uns geschrieben hat.

Angie
Wir verlieben uns, wir heiraten, und dann sind wir traurig. Unendlich traurig.

Witwe Pittelkow
War *das* seine Idee? Fontanes?

Lene
Vielleicht.

Frau von Carayon
Nein. So sind wir nicht. Keine von uns.

CECILE

Er wollte, dass wir kämpfen. Was sagt er über uns in »Die Balineserfrauen auf Lombok«?

CECILE UND FRAU VON CARAYON

Sie stürzen sich in des Feindes Reihn
Die Hälfte fällt tot, die Hälfte fällt wund,
Aber jede will sterben zu dieser Stund,
Und die letzten, in stolzer Todeslust
Stoßen den Dolch sich in die Brust.

CONNY

Fontane fühlte wie eine Frau.

ANGIE

War er unglücklich?

LENE

Vielleicht.

CONNY

Hört ihn! Hört ihn!

ANGIE UND WITWE PITTELKOW
aus Fontanes Gedicht »Rückblick«

Es geht zu End', und ich blicke zurück,
Wie war mein Leben, wie war mein Glück?
Von hundert geliebt, von tausend missacht't
So hab ich meine Tage verbracht.

FRAU VON CARAYON
aus »So und nicht anders«

Ich mied den Markt, ich mied den Schwarm,

WITWE PITTELKOW

Andre sind reich, ich bin arm.

CECILE

Entsagen und lächeln bei Demütigungen,

ALLE
Das ist die Kunst, die *mir* gelungen.

EFFI
Fontane war wütend. Er war traurig.

LENE
Wie wir.

WITWE PITTELKOW
Ängstlich ...

CECILE
... wie wir.

LENE
Unsicher ...

HILDE
... wie wir.

ANGIE
Warum sind wir so? Nervös ...

LENE
... depressiv ...

CECILE
... wir wackeln auf unseren stöckligen Absätzen, hübsch stöcklig, kurz vor dem Fallen, Schmerzen im Rücken und Herzen. Warum machen wir das?

CONNY
Weil wir unseren Mut verloren haben.

VICTOIRE
Warum haben wir unseren Mut verloren?

WITWE PITTELKOW
Weil wir Gretes Erbe in uns tragen.

LENE
Grete?

WITWE PITTELKOW
Weil wir unmenschlich bestraft werden, wenn wir einen
Schritt vom Wege tun.

CECILE
Weil wir verbrannt und gefoltert werden für das, was wir
tun könnten!

FRAU VON CARAYON
Was könnten wir?

WITWE PITTELKOW
Wir könnten zaubern, wir könnten heilen.

LENE
Wir könnten lieben.

FRAU VON CARAYON
Wir könnten Lust empfinden.

WITWE PITTELKOW
Wir brennen seit Jahrhunderten.

CECILE
Lichterloh.

ANGIE
Meine Seele glüht und ich weiß nicht ein noch aus vor
Schmerz in der Brust.

FRAU VON CARAYON
Still. Ich halte es nicht aus.

LENE
Sprecht nicht weiter!

Witwe Pittelkow, Cecile, Frau von Carayon, Angie, Conny
Doch. Doch. Doch!

Effi
Wo ist Grete? Meister Voland, Sie sind der König der Unterwelt, wir wollen Grete Minde sehen!

Frauen
Grete, Grete, Grete …!

Stimme aus der Regie
Was soll das hier? Werden wir jetzt pathetisch? Diese Szene ist nicht vorgesehen.

Voland
Bitte meine Damen, nur die Ruhe!

Dora
Nein! Grete muss kommen, jetzt, sofort!

Voland
Signora Diabella! Sie vergessen Ihre Rolle als sachbearbeitende Hexe!

Dora
Dazu bin ich viel zu sehr Frau.

Stimme aus der Regie
Die Huren bitte zum Tango. Frau Maruschke, Frau Hartmann …

Alle Frauen
Grete, komm!!!

4

Die Grete-Show

Tango fatale

Musik. Tanzensemble. Grete solo in der Front. Chor der Frauen

CONNY (ALS CHORFÜHRERIN)
Peter Minde, dein Vater,
Verstoßener Sohn aus reichem Hause,
Mordete den Gastwirt Krüger und
Ward aus der Stadt verstoßen. In den Akten heißt es:

EFFI
»Nach der begangnen Missetat
Ward er ein Kriegsmann und bekam
Nach Gewohnheit der Soldaten ein
Ausländisch Weib,
Mit welcher er ein Hürlein ...«

LENE
... wollte sagen:

DORA
»... Töchterlein gezeugt hat ...«

CHOR
Grete!

WITWE PITTELKOW
»... an welchem nicht ein gutes Haar
Von Geburt an zu finden war.«

CONNY
Klar ist allen hier: unehelich, also Hure.
Vater: Mörder; Mutter: ausländisch.

Lene
Du warst eine Hure, Grete, noch bevor
Du sprechen konntest.

Cecile
Aber dann *konntest* du sprechen. Und wendest dich
An das Haus Minde in Tangermünde
Und verlangst:

Grete
Mein Erbe! Hörst du, Gerdt: Mein Erbe!

Chor
Geeeerdt!

Frau von Carayon
Und, Grete, hast du dein Erbe
Bekommen?

Grete
Schmuck und Kissen und Tand und 50 Taler, aber ...

Angie
... nicht meinen Anteil am Mindeschen Haus,
Nicht die Hufen Land vor der Stadt und Garten,
Nicht Hausgerät, nicht Betten, nicht Geld, weil ...

Cecile
... du keine eheliche Tochter
Unseres Bruders bist, Grete,
Deine Mutter eine Ausländische und du
Unterm Mantel geboren,
Weil du, Grete ...

Chor
... eine Hure bist!

Conny
Hast dann einen Mann geheiratet, Grete,

Tonnies Meilahn, einen
Räuber, Tunichtgut, Habenichts ohne
Haus und Herd. Warum, Grete?

GRETE
Ich weiß nicht.

WITWE PITTELKOW
Hast ein Kind von dem Mann, hast keine Bleibe,
Wohnst in Gasthöfen oder ohne Obdach, gehst auch
Mit fremden Männern. Warum, Grete?

GRETE
Ich weiß nicht.

DORA
Hast du den Leuten wahrgesagt ohne Wahrheit?
Hast sie damit betrogen, Grete?

GRETE
Wie hätt' ich mich ernähren sollen,
Mich und mein Kind!

CONNY
Und dann brennt die Stadt.

EFFI
Hast du den Brand gelegt, Grete? Hast du?

GRETE
Nein!

CONNY
Dein Mann Tonnies Meilahn wird
Aufgegriffen wegen
Räuberei und Diebstahl. Wird
Peinlich befragt unter ...

CHOR
... Folter ...

CONNY
... und beschuldigt ...

CHOR
... dich!

GRETE
Ich war es nicht!

FRAU VON CARAYON
Und das Gericht hat eine Aussage von
Anna Schulze, Frau des
Kuhhirten aus Apenburg, bei der du
Krank gelegen hast zum Zeitpunkt des ersten Brandes,
Weit weg von ...

CHOR
... Tangermünde.

CECILE
Und das Gericht hat eine Aussage von
Peter Asseburg, dem Zweiten
Bürgermeister der Stadt, der sagt,
Du seist bei ihm gewesen am Tag des Brandes.

GRETE
Lüge!

FRAU VON CARAYON
Und warum glaubt das Gericht
Herrn Bürgermeister Asseburg?

GRETE
Ich weiß nicht!

CECILA
Und nicht der Frau des Kuhhirten aus Apenburg?

CHOR
Ich weiß nicht.

ANGIE
Und glaubt nicht sieben Zeugen, die dich *Ent*lasten
Und glaubt zwei Zeugen, die dich *Be*lasten?

GRETE
Ich weiß nicht!

CONNY
Und hat nach deiner Hinrichtung
Die Stadt
Weiter gebrannt, Grete?

GRETE
Ich war es nicht!

WITWE PITTELKOW
Und hörten die Brandstiftungen erst auf
Als …

GRETE
So glaubt mir doch!

EFFI
… der Stadtknecht Andreas Lüttke gefasst, überführt und
verurteilt wurde?

CHOR
Ich war es nicht!

CONNY
Und hat die Acta Inquisitionalia contra Margarete Minden
und Consorten trotzdem entschieden, dass du wirst …

CECILE
»… deswegen vor endlicher Tötung auf einem Wagen bis
zur Richtstatt vorgeführt …«

GRETE
Bitte nicht!

LENE
»... deine fünf Finger an der rechten Hand,
einer nach dem anderen mit
glühenden Zangen abgezwacket ...«

GRETE
Bitte nicht!

CONNY
»... nachmalen dein Leib mit vier
glühenden Zangen abgezwacket,
Nämlich Brust und Arm ...«

GRETE
Hilfe! Bitte, bitte nicht!

CONNY
»... du folglich mit eisernen Ketten auf einen
erhabenen Pfahl angeschmiedet,
Lebendig geschmoret und also vom
Leben zum Tode verrichtet wirst.
Von Rechts wegen.«

GRETE
Nein, nein!!!

WITWE PITTELKOW
Von Rechts wegen.

EFFI
Zum letzten Mal, Grete:
Bist du schuldig?

GRETE
Nein!

ANGIE
Bereust du?!

GRETE
Was?

ANGIE
Wärest du lieber
Ängstlich gewesen, hättest dich lieber
Von Tonnies Meilahn schlagen lassen, hättest
Dich eingeordnet in sein
Bett und unter seinen Tisch, verzichtet
Auf alles Lebendige, um
Brav unterm Herd zu liegen?

GRETE
Nein!

CONNY
Andere steigen ein.
Oder hast du eine Wut
In deinem Bauch
In deinem Herzen, deinen
Verbrannten Gliedern
Ob der Ungerechtigkeit,
Die dir widerfahren,
Nicht nur die Stadt, sondern das ganze Land,
Die Welt
Himmel und Erde
In Brand zu stecken?

GRETE
Ja!

CHOR
Von Rechts wegen!

FRAU VON CARAYON
Wirst du das nächste Mal auf dieser Welt
Jeden

Einzelnen Ratsherren, Bürgermeister,
Onkel, Schwager, Bruder und Henker anzünden,
Verbrennen, zu Tode zwacken,
Wie er es dir getan?

Grete
Ja!

Chor
Von Rechts wegen!

Witwe Pittelkow
Wirst du wie eine
Sengende Fackel durch die Scheunen und Kirchen fahren,
Durch die Ehebetten und Küchen, überall dort,
Wo du deine Angst erlitten,
Wo du gelernt hast, dass du eine Hure bist,
Dass dir die Brüste
Abgeschnitten gehören und du nicht vergessen kannst
Das Grinsen auf den Gesichtern derer, die dich
Im Rauch erstickten?

Grete
Jaaa – ich will!

Chor
Von Rechts wegen!

Cecile
Wirst du unsere Rache sein an denen,
Die uns belächeln, betatschen, beschmutzen, beschimpfen,
betrügen, belügen, beflirten, begrinsen, beküssen, belecken …

Grete
Ja! Ja! Ja! Ich werde!!!

Conny
Die da endlich beim Namen
Genannt gehören,

Wenn wir heraustreten aus unseren Rollen
Aus unseren reizenden Formen und unseren Seelen
Endlich die Brust öffnen und die rufen,
Die sich uns stellen müssen
Von denen wir fordern Verantwortung.
Die da heißen:

EFFI
Männer.

DORA
Männer.

CHOR
Männer!!!

FRAU VON CARAYON
Wo sind sie, unsere Männer?
Her mit ihnen!

CECILE
Feiern wir nicht heut'
Geburtstag?

WITWE PITTELKOW
Unsere Auferstehung
Aus dem Geiste Gretens, deren Tod sich heute jährt …

EFFI
… 400 Mal und es ist immer noch …

LENE
… wie gestern!

ANGIE
Die Acta Inqusitionalia contra Patriarchalie und Consorten.
Beginnt!

5

Hinrichtung

Sorry, so sorry

Trommelwirbel. Auftritt Männer mit verbundenen Augen.

SATANAEL

zum Publikum, mit weiteren Augenbinden in der Hand

Es macht immer wieder Spaß, beim Sterben zuzusehen. Heute sind es die Männer. Jemand freiwillig? Haben Sie vielleicht noch einen Mann, den Sie erschießen lassen wollen, meine Dame? Nur her mit ihm. Keine Hemmungen.

FRAUEN

durcheinander angesichts der eintretenden Männer

Da sind sie! Die Schweine, da da, das ist meiner! Der Hund, ich hasse dich, hörst du? Wir verlangen Rache, Gerechtigkeit!

Die Männer werden mit faulen Tomaten etc. beworfen, die Frauen in äußerster Wut. Wenn die Männer stehen, bricht der Trommelwirbel ab. Stille. Leiser Wind.

SATANAEL

im Kasernenhofton

Von Wuthenow – vortreten! Was haben Sie verbrochen?

WUTHENOW

Ich habe eine wunderbare Frau verschmäht und ihre Tochter geschändet. Frau von Carayon, Victoire: Können Sie mir verzeihen?

FRAU VON CARAYON

Nein! Tod durch Erschießen.

SATANAEL
Baron von Innstetten – vortreten!

INNSTETTEN
Ich habe meine geliebte Frau verstoßen und mich damit
um mein eigenes Glück gebracht. Kannst du mir verzeihen, Effi?

EFFI
Jetzt nicht. Stirb!

SATANAEL
Robert von Gordon – Nenne deine Schuld!

GORDON
Ich habe meine geliebte Cecile behandelt wie eine Hure,
als sie mich abgewiesen hat. Können Sie mir verzeihen,
Cecile?

FRAUEN
Nein. Gehört erschossen!

SATANAEL
Bocholt, Balthazar – Bekenne!

BOCHOLT
Ich habe mein Ziehkind begehrt und ins Unglück gestürzt.
Ich habe meinen Sohn aus Eifersucht getötet. Hilde, kannst
du mir verzeihen?

FRAUEN
Erschießen! Erschießen! Erschießen!

SATANAEL
Botho von Rienäcker – vortreten! Gestehe!

BOTHO
Ich habe meine Liebe verraten. Ich habe den liebsten Menschen, den ich kannte, unglücklich gemacht! Lene, verzeih!

Lene
Ja!

Frauen
Nein! Erschießen wie alle anderen!

Satanael
Graf Haldern – vortreten!

Der alte Graf
Ich habe meinem Neffen seine Liebe zu Stine verboten und ihn damit in den Tod getrieben. Ich habe die Frauen beschuldigt, ihn verführt zu haben. Verzeiht mir!

Frauen
Nein. Nein. Nein! Erhängen, erstechen, erwürgen, ermorden, erdrosseln, erschlagen, erschießen, erschießen, schießen, schießen, schießen, *schießen*!

Männer
vereinzelt durcheinander, zwischen die Kommandotexte

Herr Fontane? Meister? Bitte kommen Sie! Retten Sie uns! Hören Sie, wir werden erschossen! Das können Sie nicht gewollt haben! Bitte, Sie müssen kommen, schnell! Helfen Sie uns! Hilfe!

Satanael
Fontanekompanie – stillgestanden! Reeechts um! Im Gleichschritt: Marsch!
Die Männer marschieren in die Erschießungsposition.
Auf der Stelle: Marsch! Abteilung: Halt!
zu den Frauen:
Leeegt an!
Die Frauen legen mit imaginären Gewehren, Fingern, Armen, Schirmen etc. an.
Feuer!

Eine Maschinengewehrsalve donnert über den Platz. Die Männer zucken und fallen. Fallen und zucken. Zucken.

Stille. Lange Pause. Dann: Aus dem Himmel (vom Tonband) erklingt der Song »I'm sorry« in der Version von Brenda Lee. Ein Mann erhebt sich und singt pantomimisch wie Playback.

EINER DER MÄNNER
I'm sorry, so sorry
That I was such a fool
I didn't know ...

Die zugehörige Frau erschießt ihn mit einer Maschinengewehrsalve.

Stille. Dann wieder Musik »I'm sorry«. Ein anderer Mann erhebt sich und beginnt pantomimisch zu singen, später dazu ein zweiter.

ZWEI ANDERE MÄNNER
I'm sorry, so sorry
That I was such a fool
I didn't know
Love could be so cruel
Oh, oh, oh, oh, oh, oh, oh, yes

Die beiden entsprechenden Frauen sind erbarmungslos und schießen. Die beiden Männer fallen wieder. Stille.

Wieder Musik, »I'm sorry« zum Dritten. Immer mehr Männer stehen auf und singen pantomimisch. Die Frauen sind verunsichert.

WEITERE MÄNNER
I'm sorry, so sorry
That I was such a fool
I didn't know
Love could be so cruel
Oh, oh, oh, oh, oh, oh, oh, yes
You tell me mistakes
Are part of being young
But that don't right
The wrong that's been done

I'm sorry
(So sorry) So sorry
Please accept my apology
But love is blind
And I was too blind to see
Oh, oh, oh, oh, oh, oh, oh, yes …

LENE
über die Musik, weinend

Aber wisst ihr, irgendwie, ich weiß nicht, es tut so weh und … ich muss sagen: Ich liebe ihn doch irgendwie immer noch.

VICTOIRE
Me too …

LENE
Natürlich ist alles vorbei, aber ich weiß, dass er mich auch geliebt hat. Wirklich, er hat mich geliebt.

EFFI
Me too …

LENE
Und dann: Ich kann besser leben, zumindest glaube ich das, wenn ich ihm verzeihe.

FRAU VON CARAYON
Me too …

LENE
Es ist so schade, dass alles kaputt ist! Es tut mir so leid, so unendlich leid.

ALLE FRAUEN
Me too! Me too! Me too!

Die Frauen weinen, gehen zu den Männern, die alle »singen«. Sie umarmen einander und tanzen, ein Moment der Versöhnung und allgemeinen Seligkeit.

6

Japanische Hochzeit

Asiatische Hoffnung

Auftritt Akihido Kondo mit einer kleinen Manga-Puppe im Arm. Lächelnd. Musik bricht ab. Die Paare stehen immer noch Arm in Arm.

AKIHIDO

Hallo? Bin ich hier richtig bei Geburtstag von große deutsche Dichter Fontane? Habe ich Einladung, hier, bitte!
Er zeigt die Einladung vor, keiner will sie sehen.

Komme ich aus Japan und soll reden über meine Frau und mich. Meine Frau heißt Miko San und ist Manga-Puppe. Ja, habe ich geheiratet, wirklich! Meine Mutter nicht gekommen zur Hochzeit, aber mir egal. Bin so oft worden enttäuscht von richtige Frauen, lebend also, dass ich habe Liebe gefunden nur in Miko San. Miko mich nie hat betrogen und ich denke ganzen Tag an sie. Sie weckt mich morgens auf, wenn ich muss arbeiten gehen, schreibt mir SMS in Büro voll mit Sehnsucht. Komm ich abends nach Hause macht Miko Licht an für mich. Richtige Frauen haben gesagt zu mir »Verpiss dich!«. Sagt Miko nie. Richtige Frauen haben mich gemobbt in Job, war ich kaputt mit Nerven. Niemals werde ich heiraten richtige Frau, auch wenn Mama noch so drängt. Sind wir jetzt schon 3.000 Männer in Japan verheiratet mit Puppe von Manga.

Klar kann man nicht gut reinstecken bei Miko. Aber das nur Frage von Technik und Zukunft. Miko ist Liebe meines Lebens. Kann mich nicht betrügen und streitet mich nie.

Und dann: wird auch nicht alt! Bleibt immer jung und stirbt nicht.

Also hab ich noch Manga-Puppen mitgebracht. Geschenk von Japan an große deutsche Dichter! Für lösen Probleme von Mann und Frau. Wer will?

Männer lassen ihre Frauen stehen und wenden sich den Puppen und Akihido zu. Die Frauen wie vom Schlag gerührt. Dann durcheinander.

WITWE PITTELKOW
zur Regie
Können wir jetzt bitte das Feuer haben?

CECILE
Ich halte das nicht mehr aus.

CONNY
Wann kommt er denn nun endlich?

FRAU VON CARAYON
Kann uns bitte vielleicht Theodor Fontane sagen, was wir in dieser bekloppten Welt oder wo wir hier sind, machen sollen? Ich meine: Die sind doch alle übergeschnappt hier, das ist doch nicht mehr wahr!

ANGIE
Das hat nichts mehr mit dem Leben zu tun, das ist Kunst-Scheiß, Fantasy-Dreck, Design-Kacke ....

LENE
Wenn das hier zu Ende ist, möchte ich bitte im 19. Jahrhundert aufwachen. Also bitte nicht in der Zukunft, ja?

ANGIE
Die sind doch alle bekloppt hier.

CONNY
Wohlstandsbekloppt.

FRAU VON CARAYON
Die schaffen sich ja selbst ab.

Cecile
Also da kann man ihnen wirklich nur ein großes Feuer wünschen.

Witwe Pittelkow
Frage an die Regie: Wird das noch was mit dem Feuerwerk, oder gibt es da wieder was mit dem Brandschutz?

Stimme aus der Regie
Wir haben hier Waldbrandwarnstufe 5, echtes Feuer ist verboten, aber wir machen das mit Licht, wird auch sehr schön.

Angie
Schon wieder so eine unechte Scheiße!

Cecile
Wir wollen richtiges Feuer! Keine Lichtshow!

Frau von Carayon
Wir haben hier auch eine Brandwarnstufe!

Angie
Wir wollen brennen, alles soll brennen, ihr sollt brennen, das muss alles weg hier, von vorne anfangen, das seht ihr doch ein, oder?

Witwe Pittelkow
Ich könnt jetzt was trinken. Kommt, Ladies, gehen wir einen saufen. Darf man hier rauchen?

Stimme aus der Regie
Rauchverbot auf dem ganzen Gelände während der Aufführung.

Witwe Pittelkow
Das habe ich mir gedacht.

Cecile
Wann kommt der Alte?

Frau von Carayon
Vielleicht gibt es ihn gar nicht?

Lene
Vielleicht gibt es *uns* gar nicht?

Angie
Bilden wir uns das alles nur ein?

Victoire
Dann lasst uns doch abhauen. Was sollen wir hier noch?

Witwe Pittelkow
Ja, was sollen wir hier? Weg, ab …

Frau von Carayon
… ciao und tschüss.

Conny
Addio!

Cecile
Dann feiert halt ohne Frauen.

Witwe Pittelkow
Weg und: ab!

7

Meister-Erscheinung

Fontane, es gibt ihn

Ein Mann im Publikum steht auf

FONTANE

Meine Damen! Bitte, einen Moment Ruhe bitte! Es tut mir leid, leid, dass ich Sie habe warten lassen, leid, dass ich Sie so unzufrieden, so verärgert sehe. Bitte lassen Sie sich erklären.

Ich bin Fontane. Es berührt mich, was ich hier sehe. Es berührt mich, dass offenbar das Elend und die Sehnsucht, Liebe und Leidenschaften noch genauso viel Glück und Unglück, vor allem aber Verwirrung stiften, wie es zu meinen Lebzeiten der Fall war.

Gestatten Sie mir, dass ich mich vor allen Dingen bedanke für diese phantastische Geburtstagsparty! Wie kann ein Mensch das fassen: Eine Stadt trägt meinen Namen! Ein ganzes Land feiert meinen zweihundertsten Geburtstag! Ausgerechnet ICH soll nicht zu den Tausenden, zu den Millionen Vergessenen gehören! Das – ich kann es nicht anders sagen – berührt mich zutiefst, das macht mich stolz, das macht mich glücklich. Und ja, auch das: Ich hätte es zu Lebzeiten nicht erwartet! Dank an meine Stadt, Dank an meine Ruppiner, Dank auch an das deutsche Volk, das mich nicht vergessen will.

Und auch an euch, meine lieben Frauen, möchte ich mich wenden. Ja, ich liebe euch. Ja, ich habe euch das Profil aufbegehrender, verletzter Persönlichkeiten gegeben, ja, ihr habt gelitten in meiner Schöpfung. So kann ich euch am Ende nur einen Rat geben: Macht es wie ich. Seid demütig, seid bescheiden, duldsam. Nehmt Euch – meine Frau hat das getan – einen Mann, zu dem ihr aufblicken könnt. Oder, wie sagst du, meine liebe Jenny, so treffend über deine unglückliche Ehe mit Treibel:

»Es fehlt mir – meinem Manne gegenüber – jene hohe Freude der Unterordnung, die doch unser schönstes Glück ausmacht und so recht gleichbedeutend ist mit Liebe.«

Meine Damen und Herren, liebe Weltbevölkerung: Entspannen Sie sich! Machen Sie es wie ich: Gehen Sie spazieren. Wandern Sie durch die Mark Brandenburg. Alle Bücher, die ich darüber geschrieben habe, gibt es auch in Taschenbuchausgabe für das leichte Reisegepäck. Schon ab 4,99 Euro können Sie glücklich sein, gleich hier vorne in der Fontane-Buchhandlung können Sie die »Wanderungen« erwerben, es ist wahrscheinlich gerade geschlossen, aber vielleicht ist Frau Kolar unter den Gästen, vielleicht würde sie ausnahmsweise für mich öffnen ...

Ein Mann ist von hinten dazugekommen.

FONTANE 2

Bitte, mein Herr! *Bitte!* Was soll das? Wer sind Sie? Was für einen – Verzeihung – Unsinn erzählen Sie da? Und noch dazu: Ein Lügner sind Sie! Woher kommen Sie, wer hat Sie geschickt?

Ich bin Fontane! Was Sie dort erzählen, »Wer-immer-Sie-sind«, ist für mein Leben, mein Werk eine Beleidigung! Die von Ihnen zitierte Stelle der Jenny Treibel meinte ich natürlich ironisch, wie ich auch den ganzen Roman ironisch angelegt habe. Nein: Ich war und bin ein überzeugter Verfechter der Moderne! Sind es nicht gerade die von Ihnen, mein falscher Herr, gepriesenen Lebensprinzipien von Demut und Unterordnung, die dem Menschen Unglück bringen? Nur der ist echten Glückes wert, der aufbegehrt, der auszieht, hinaus in die Welt.

Ja, ich erlaube Ihnen, meinen Namen so umfassend zu vermarkten! Und auch über einen Fontane-Döner kann ich mich freuen! Warum denn nicht? Es ist Heuchelei all derer, die da schreien: meine Daten! Wer schützt meine Daten? Tun Sie nicht alles, damit sie sich in Ihren sozialen Netzwerken verbreiten? Stellen Sie sich nicht nahezu exhibitionistisch auf Ihre Bildschirme und Plattformen, in der Hoffnung, dass sich jemand für ihr uninteressantes, schwafliges Leben interessiert? Dass Sie Aufmerksamkeit finden in Ihrer Bedeutungslosigkeit? Und es sind genau diese Menschen, die dann schreien: »Hilfe! man hat mich im Bad gefilmt!« Ja denken Sie wirklich, es interessiert mich, wie Sie auf dem Klo sitzen? Oder Ihr Zähneputzen hätte irgendeine Relevanz für die CIA? Meinen Sie, Ihr sogenanntes »intimes Geheimnis« würde irgendwen interessieren?

Fontane 3

Meine Herren! Meine Damen! Glauben Sie nicht den Hergelaufenen, die sich auf jedes Trittbrett stellen, um ihr Gift in die Welt zu streuen! Glauben Sie nicht den Populisten! Prüfen Sie genau, woher Ihnen Wahrheit kommt und woher nicht!

Ich bin Fontane. Ich verfolge ihren Abend zur Feier meines Geburtstages mit viel Freude, aber auch großem Bedenken. Kennen Sie mich wirklich? Können Sie sich ein Bild von mir machen? Haben Sie meine Texte wirklich gelesen? Interessieren Sie sich wirklich für mich – oder nur für das Bild, dass Sie sich von mir gemacht haben?

Verstehen Sie mich nicht falsch, ich freue mich, dass Sie sich immer noch an mich erinnern wollen. Allerdings macht mir Sorgen, WIE Sie das tun! Sie haben sich Ikonen aus meinem Schaffen gegriffen – John Maynard, Effi

Briest, Ribbeck auf Ribbeck – und auf diesen Steckenpferden reiten Sie mit Ihrem von Tourismus und wirtschaftlich geprägtem Denken durch die Gegenwart! In dem, was Sie Internet nennen, werden meine Werke in grober Kurzform verstümmelt, Fontane für Idioten, weil man ja – ach wie bedauernswert – keine Zeit mehr hat, meine Romane in voller Länge zu lesen. »So schreibt ja heute keiner mehr«, höre ich da. Ja leider! Und tatsächlich: Für Krimis, für Science Fiction, für Schlüsselguckereien, für endlose Talkshows, für Kochrezepte, fürs Fitnessstudio und überhaupt jeglichen Gesundheitswahn, dafür haben Sie Zeit! Sie plaudern sich durch Ihr Leben, Ihre Altäre sind die Flachbildschirme, in denen Sie Ihre kleinen Sünden verstecken und vor denen Sie Ihren Geist entleeren! Wie soll ich das nennen? Sind Sie, Ihre Kinder, noch der nach Bildung strebende Weltbürger? Oder sind Sie längst eine Biomasse mit Internetanschluss? Was soll das? Anders gefragt: Was wird das? Oder ganz konkret: Was machen wir nun mit mir?

Gestatten Sie mir kurz eine statistische Betrachtung: Im Jahre Null hatten wir eine Weltbevölkerung von 300 Millionen Menschen. Im Jahre 1950 lagen wir bei knapp 2,5 Milliarden, heute, im Jahre 2019 sind Sie 7,55 Milliarden! Sie haben sich in den letzten hundert Jahren verdreifacht! Stellen wir uns die Welt als Familie vor und kürzen wir die Nullen um 8 Stellen. Dann waren Sie – bei 300 Millionen Menschen – im Jahre Null *drei* Geschwister. Wir wissen, dass es nicht leicht ist für Eltern, bei drei Geschwistern jedem Kind die nötige Aufmerksamkeit zukommen zu lassen, bei den Geschenken an Geburtstagen und bei allen Trostpflästerchen gerecht zu sein. Und Sie wissen, was für ein Familienchaos bereits drei streitende, heulende, sich gegenseitig verletzende und schreiende Kinder auslösen können.

Heute – im Jahre 2019 – sind Ihre Geschwister auf fünfundsiebzig angewachsen. Sie haben *fünfundsiebzig* Brüder oder Schwestern in der mittlerweile arg beengenden Wohnung, die alle die Aufmerksamkeit der Eltern wollen, die alle irgendwann Geburtstag haben, die alle zur Schule müssen, die alle ein eigenes Zimmer wollen, die alle besondere Fähigkeiten anerkannt haben wollen und ihr Leben eben nicht als demütig empfangene Erdenaufenthaltserlaubnis auffassen, sondern mit Anspruch auf Erlebnis, auf Glück, auf Alleinstellungsmerkmal verbinden und sich entsprechend in Ihrem Zuhause bewegen.

Und was ist das Ergebnis nun für Sie höchstpersönlich? Ihr geschwisterlicher Eigenwert ist auf ein Fünfundsiebzigstel geschrumpft und somit am Verschwinden. Keiner kümmert sich mehr um Sie. Keiner hört Ihnen mehr zu. Keiner schaut hin, was Sie tun. Keinen interessiert mehr, dass es Sie gibt.

Genau das haben wir heute: 7,55 Milliarden Individualisten suchen eine Bühne, schaffen sich ihre Auftritte auf Instagram und Facebook, reden durcheinander, stellen sich dar. Wer hört Ihnen dabei noch zu? Wen interessiert auch nur im Entferntesten, was Sie denken? Ihre Werte? Ihre Diskussionen über Gut und Böse, mal ehrlich: Finden Ihre Enkel das spannend?

an jemanden im Publikum

Sie dort, mein Herr, würden vielleicht sagen: »Weißt Du, Kevin-Jacob, wie großartig Theodor Fontane ist?« Da verdreht Kevin-Jacob innerlich die Augen, schon klar! Und jetzt soll Kevin-Jacob noch ein Gedicht von mir auswendig lernen: »Aber nur, wenn ich die neue Playstation zum Geburtstag kriege, Opa! Und dann lernt er ein paar Verse aus dem »Maynard«, stockt nach drei Zeilen, weil ihn überhaupt nicht interessiert, was er da liest, weil er auch nicht versteht, wozu er das lernen soll und er doch gerade mit Drachenkämpfen und Punktesammeln und Star-Wars-

Spielen beschäftigt ist. Und dann bekommt er die Playstation trotzdem, weil Sie ja froh sind, dass Ihre Enkel Sie noch besuchen kommen.

Also bitte: Lassen wir doch dieses entwürdigende Spiel. Vergessen wir mich einfach. Es ist wirklich schön heute Abend, schön, dass Sie sich noch das ganze Jahr an mich erinnern wollen, benutzen Sie mich noch einmal kräftig und feiern wir die gute alte intellektuelle Zeit. Aber dann lassen wir doch zukünftig diesen entwürdigenden Erinnerungskrampf, wo – ja bitte seien Sie doch ehrlich – wo doch vor allem Sie, meine Damen und Herren Künstler, Projekte mit meinem Namen verbinden, um an die entsprechenden Fördertöpfe heranzukommen. Also, ich bitte nochmals: Lassen wir das in Zukunft. Lasst uns die Hohe Zeit der Literatur der vergangenen 300 Jahre nun endlich mit meinem Geburtstag begraben. Das war ganz schön mit der Bildungsanstalt und der Aufklärung, Diskussionen um die bessere Welt und so weiter, aber das hatten wir jetzt und es interessiert keinen mehr. Schauen Sie: Was lesen Sie selbst gerade? Krimi, oder? Science Fiction? Oder Mittelaltersagen, wo Zauberer mit Lichtschwertern kämpfen, Menschen auf Drachen reiten und die Elfenfrauen 100 Jahre lang schön sind! Das zumindest läuft in Ihren Kinos, das läuft in Ihrem Fernsehen, das verkaufen sie in Ihren Märkten. Es ist, als wollten Sie sich eine Traum-Welt erfinden, eine schöne alte zukünftige Welt, in der es wieder archaisch zugeht, und in der das Gute auch in hoffnungsloser Lage zuverlässig siegt. Es ist, als wollten Sie Ihrer eigenen Welt entfliehen. Es ist, als hätten Sie Ihre eigene Welt bereits aufgeben.

Also bitte: Vergessen wir mich doch einfach.

FONTANE 4 (CONNY)
Nein! Hören Sie nicht auf die Angstmacher und Schwarzseher, die nichts antreibt als ihre Ohnmacht vor der Moder-

ne, die zu alt sind und zu feige, um die Chancen zu verstehen, die sich den neuen Generationen bieten! Die überholt wurden, weil es ihnen zu lange zu gut ging! Glauben Sie niemandem! Keiner dieser Herren ist Fontane, Demagogen sind sie aus jeweilig unterschiedlichen ideologischen Lagern! Hören Sie nicht auf die! Um ganz ehrlich zu sein: Ich wollte mich am heutigen Abend nicht zu erkennen geben. Ich wollte einfach nur meinen Geburtstag genießen und zuschauen. Aber nun kann ich nicht zurückhalten mit der Wahrheit. Und die Wahrheit ist: *Ich* bin Fontane.

Nicht um Geschenke bin ich zu Ihnen gekommen, ich habe Ihnen ein Geschenk mitgebracht: Ich werde eine neue Partei gründen. Die FFFD – Fontanefrauen Für Deutschland – und wir, meine Damen, werden gemeinsam in den politischen Kampf ziehen! Die Welt ist männermüde! Erst wenn wir die Macht übernommen haben, ist diese Welt zu retten! Erst wenn die matriarchalen Anteile die Gegenwart zurückerobert haben, erst dann wird die Welt wieder interessant! Erst wenn Effi und Cecile, Stine und Hilde in den Parlamenten sitzen, erst mit Melusine im Bundestag, erst mit Jenny Treibel als Bundeskanzlerin ist die Fontanisierung der Welt abgeschlossen! Vorher werde ich nicht ruhen, und der heutige Tag gibt mir Kraft, meine Aufgabe zu erfüllen! Sie haben mich gerufen, und: Hier bin ich!

FONTANE 5
Ich bin Fontane! Was für Schindluder mit meinem Namen, meiner Person getrieben wird, ist nicht zu ertragen! Ich verbiete diese Veranstaltung!

ab jetzt durcheinander

FONTANE 6
Ich bin Fontane! Und ich werde nicht erlauben, wie man hier den Namen von Frauen missbraucht! Ich verlange einen abgeschlossenen Ort, ein Schutzhaus, wo die Frauen nicht dem

verderblichen Einfluss der Außenwelt ausgesetzt sind. Ich persönlich werde mich dann um das Wohl der Damen kümmern.

John Maynard

Mein Name ist John Maynard. Herr Fontane schickt mich, Ihnen seine Grüße auszurichten.

Fontane 1-6

Lüge! Unsinn! *Ich* bin Fontane. Ich bitte die Regie, dass zweifelsfrei festgestellt wird, wer hier echt und wer unecht ist! Wer ist verantwortlich für den heutigen Abend? Wo ist Meister Voland?

Die Teufel heben ihre Zauberstäbe und es gibt ein gewaltiges Zischen, Kreischen, Lichtblitz und Vernichtung.

Voland

Meine Damen, meine Herren! Ich freue mich außerordentlich, dass Sie sich so gut amüsieren! Wie schön, Sie bei mir zu haben, nach so vielen Jahren! Sie sehen großartig aus! Danke, dass Sie gekommen sind, danke, dass Sie sich Zeit genommen haben, ich bin entzückt! Darf ich Sie zu einem Glas Wein einladen?

Es wird Wein verteilt. Alle – die Fontanes, die Damen – bekommen ein Glas und man prostet sich herzlich zu.

Voland

Und nun wollen wir uns der Frage widmen, ob es uns gelingt, Herrn Theodor Fontane tatsächlich zu uns zu bitten, was heißt: ihn für den heutigen Abend zu inkarnieren.

Es gibt nur einen Weg, seinen Geist zu erreichen: Bilden wir einen Kreis. Fassen wir uns bei den Händen. Und es kann nicht gelingen ohne jemanden aus dem Publikum.

8

Erstes Finale

We love the world

VOLAND

ans Publikum

Egal wie viele Sie sind, meine Damen oder Herren. Wir brauchen Sie. Wir brauchen Ihre Unschuld. Wir auf der Bühne … sind in gewisser Weise alle schuldig. Schuldig der Verstellung. Der Eitelkeit. Wir stellen uns ins Scheinwerferlicht in der Erwartung, dass Sie uns anschauen. Sie bezahlen Geld dafür, dass Sie uns anschauen. Wir erwarten, dass Sie uns applaudieren, sonst sind wir beleidigt. Das ist nicht schön. So werden wir Fontane nicht erreichen. Bitte, ein, zwei, drei Damen oder Herren von Ihnen: Schenken Sie uns Ihre Unschuld. Wer möchte in einem Finale mit auf der Bühne stehen?

Die Teufel führen Damen und Herren aus dem Publikum auf die Bühne. Nun wird ein großer Kreis gebildet. Alle fassen sich bei den Händen. Alle sprechen Zeile für Zeile chorisch nach, was Satanael vorgibt:

BESCHWÖRUNGSCHOR (SATANAEL, DANN CHOR)
    Theodor, komm!
    Deine Stadt ruft Dich!
    Erlöse uns!
    Die wir im Irdischen gefangen sind
    Suchen dich!
    Brauchen dich!
    Lass uns dich schauen,
    Schenke uns Licht!
    Erscheine!

Das Licht kommt ins Schwanken, wie Störungen in der Elektrik. Immer wilder. Am Ende Blitz und Gewitter. Völlige Dunkelheit.

Dann Spot an. In der Mitte des Lichtkegels steht ein kleiner Junge mit einem Ball. Vorsichtig, unsicher, nähern sich Teufel wie Damen, Herren, alle, die auf der Bühne sind.

VOLAND
Was machst du hier?

JUNGE
Ich weiß nicht.

VOLAND
Hast du Angst?

JUNGE
Ja.

VOLAND
Warum?

JUNGE
Ich hab gerade in Papas Haus die Küchenscheibe eingeworfen.

VOLAND
Wo kommst du her?

JUNGE
Aus Swinemünde.

VOLAND
Wie alt bist du?

JUNGE
Elf.

VOLAND
Was willst du mal werden?

JUNGE
Kapitän.

VOLAND
Wie heißt du?

JUNGE
Theodor.

ALLE
Er ist es. Er ist es! Er ist zu uns gekommen!
    Happy Birthday to you,
    Happy Birthday to you,
    Happy Birthday, lieber Theodor
    Happy Birthday to you!

JUNGE
Wo bin ich?

DORA
In Neuruppin.

JUNGE
Ah! Da bin ich geboren!

DORA
Das wissen wir, mein Junge.

EFFI
Darf ich dich etwas fragen?

JUNGE
Wer sind Sie?

EFFI
Mein Name ist Effi.

JUNGE
Sie sind eine sehr schöne Frau.

EFFI

Danke, mein Junge. Hast du vielleicht eine Erklärung dafür, warum wir auf der Welt sind?

JUNGE

Ich glaube, wir sind auf der Welt, damit uns jemand lieb haben kann.

Stille

VOLAND

Du hast heute Geburtstag. Hast du einen Wunsch, mein Junge?

JUNGE

Mama sagt, ich muss ins Bett. Ich würde gern noch aufbleiben. Es ist schön, wenn es Nacht ist und keiner schläft.

VOLAND

Keiner schlafe, bitte! *Finale!*

9

Zweites Finale

Wenn die Musik der Liebe Nahrung ist

Das Zweite Finale ist als musikalisches Finale gedacht, damit ist gemeint, dass in der Musik die emotionale Entladung des Abends stattfindet und letztlich sogar im gemeinsamen Musizieren enden kann. Je nach Aufführung kann das Zweite Finale unterschiedlich gestaltet sein. Im Folgenden die Beschreibung des Ablaufes in Neuruppin bei der Uraufführung.

In einem großen Auftritt – mit einer Kutsche aus der Tiefe, aus dem Himmel, aus der Versenkung – je nach Möglichkeiten des Aufführungsortes kommt der Stargast des Abends. Il tenore stellare, der amerikanische Tenor N.N. Ein Stimmstrahl mitten aus dem Herzen bringt die Nacht zum Glänzen.

Tenor singt Nessun dorma, die Arie des Kalaf aus »Turandot« von Giacomo Puccini.

Die Arie endet.

TENOR
Hey Theo! Did you like it?

JUNGE
Oh ja! Wunderbar! Ich möchte auch einmal so berühmt werden wie Sie!

TENOR
Okay boy! It's your birthday! I came just from America to bring you my congratulations! Let's have a party! Do you have some friends to invite?

JUNGE
Ja. Ich bin befreundet mit dem Sohn des Priesters.

Stine – oder eine andere Frau, je nachdem, wer singt – springt in die Bühnenmitte und hat ihr »Coming out« als Showstar im Rampenlicht. Alle singen mit, klatschen und tanzen.

Sopran

Singt »Son of a Preacher Man«.

Die »Stimme aus der Regie« – der Regisseur – betritt die Bühne und beendet die Show, indem er die Darsteller einzeln vorstellt, sich bei den Zuschauern bedankt, den Sponsoren etc. 2019 in Neuruppin war dies Frank Matthus.

Man kann den Abend hier beenden – man kann aber auch noch ein gemeinsames Lied singen. Hier sollte zumindest die Refrain-Zeile »That's Fontane« von den Zuschauern mitgesungen werden. Die Zeilen können verteilt werden, ab der zweiten Strophe singen alle zusammen. Theo wird auf die Schultern gehoben, Effi bekommt Blumen. Wie der Abschlussapplaus einer großen Samstag-Abend-Show. Ein Hauch Persiflage ist wünschenswert.

Das folgende Lied »That's Fontane« wird nach der Melodie von »That's amore« von Dean Martin gesungen.

Voland
   In Neuruppin, where Theo is king,
   When people meet, here is what they sing!

Alle
   Kommt die Stine mit der Melusine daher
   Thats Fontane
   Kracht die Brücke am Tay
   und ein Mann geht vorbei
   Thats Fontane
   Mach mit Grete 'ne Fete und zündet 'ne
   Fonta-ne-Fackel
   Statt zu modern lasst lodern den Theo von Rheinsberg
   bis Nackel
   Auch am Tresen kann man ihn gut lesen, den
   The-o Fontane
   Fühlst du dich einmal schlecht,

machst es niemandem recht –
Komm zu uns!
Geh mit Lene zum Bäcker
und kauf ihr was lecker
mit Sahne
Und dann geht ihr ins Bett
und lest dort ein Sonnett
von Fontane.
In Berlin ist nichts los
Neuruppin feiert groß
That's Fontane
Mal durch Brandenburg wandern mit andern und
Theo Fontane
Nimm 'ne Birn und biet stolz deinem Leben die Stirn
wie Fontane
Wenn sich Effi und Steffi betrinken mit Pfeffi –
Fontane!

Irgendjemand

wirft ein

Hey, da fehlt ja 'ne Silbe!

Alle

Geht dein Reim mal nicht auf,
ja dann pfeifst du halt drauf –
That's Fontane
Wenn die Wahl dich nicht wählt
und du lächelst gequält –
Komm zu uns!
Ist dir nichts mehr geheuer,
das Leben zu teuer –
dann ahne
Mit John Maynard am Steuer errettet euch
euer Fontane!

Iphigenie in Rheinsberg

oder

Prinz Heinrich inszeniert eine Oper

Text von Frank Matthus
unter Verwendung von Fragmenten aus der Oper
»Iphigenie in Tauris« von Christoph Willibald Gluck

Dem Prinzen Heinrich von Preußen anlässlich seines 200.
Todestages gewidmet

Personen

Prinz Heinrich	Sprechrolle
Mademoiselle von Marschall, auch Iphigenie	Sopran
Monsieur Tauentzien, auch Orest	Tenor
Graf d'Artois, auch Pylades	Tenor
Major von Kaphengst, auch Thoas	Bass
Fräulein von Knoblich, Köchin im Schloss, auch Souffleuse und 1. Priesterin	Sopran
Kammerdiener und Stallknechte	Orchestermusiker bzw. Pianist
Der Chor	
von Reisewitz, auch Bühnenbildner	Tenor oder Bass
Obergärtner Steinert, auch Requisiteur	Bass
Personal aus dem Schloss	Sopran, Alt, Tenor, Bass
Graf Lehndorff, Kammerherr und Inspizient	

I

Auf der Bühne eine unvollständige Dekoration der »Iphigenie auf Tauris«; sämtliche Beteiligte in Vorbereitung der Probe und Erwartung des Regisseurs. Nach einer kurzen Weile erscheint Prinz Heinrich im Zuschauerraum.

LEHNDORFF
Euer Wohlgeboren, die Dekoration wird nicht fertig!

STEINERT
Euer Durchlaucht, Fräulein Meier hat den Speer der Diana zerbrochen!

SCHULTZE
Euer Hoheit, die erste Bratsche hat sich beim Heckenschneiden in den Daumen geschnitten!

KAPHENGST
Mein Prinz, würden Sie bitte die Rechnung für mein letztes Geschenk unterschreiben?

FRÄULEIN KNOBLICH
Euer Durchlaucht wissen aber, dass ich in der nächsten Stunde den Braten aufsetzen muss?

KAPHENGST
Mein Prinz, ist es Ihre Konzeption, dass die Diana hässlich ist, oder können wir sie umbesetzen?

LEHNDORFF
Euer Wohlgeboren, der Chorführer der Skythen hat sich gestern auf der Jagd ins Bein geschossen!

D'ARTOIS
Mon chére Prince, meinen nicht, ich sollte den Pylades in Französisch singen?

KAPHENGST
Mein Prinz, die dritte Priesterin ist schwanger!

REISEWITZ
Durchlauchtigster Prinz, die Griechen pumpen noch das
Wasser aus dem Keller!

FRÄULEIN KNOBLICH
Euer Durchlaucht, muss man beim Soufflieren Noten lesen können?

LEHNDORFF
Mein Prinz, die Eumeniden sind noch bei der Ernte!

HEINRICH
Mesdames e Messieurs! – ein falscher Entschluss ist besser
als gar keiner: Fangen wir an!

Sinfonia Arie der Iphigenie und Chor, Erster Akt, Erster Auftritt

IPHIGENIE
Ihr Götter, besänftigt euch wieder!
Euch rührt unser Flehn, unser Schmerz.
O donnert auf Strafbare nieder!
Kein Laster befleckt unser Herz.

CHOR DER PRIESTERINNEN
Ihr Götter, besänftigt euch wieder!
Euch rührt unser Flehn, unser Schmerz.
O donnert auf Strafbare nieder!
Kein Laster befleckt unser Herz.

IPHIGENIE
Sind diese Gestad' euch verhasset,
So wollen wir gerne sie fliehen.
O winkt uns, ihr Götter, und lasset
Nach andren Gestaden uns ziehn.

Heinrich unterbricht nach Rallentando. Wenn die Musik abbricht,
verharren alle Mitwirkenden als Standbilder.

HEINRICH

Götter! Seit jeher die lächerlichste Erklärung dafür, dass die Dinge nicht sind, wie sie sein sollten! Ein Märchen für Kinder – oder für's Volk. Man rühmt, wo man beschuldigen möchte. Was opfern die Menschen den Göttern? Schafe, Brot, Blut? Nein – ihre Würde!

Meine Damen und Herren, für die Ehre, sich zum Gedenken an *mich* – einen Vertreter der zweiten Garnitur der Weltgeschichte – zu versammeln, möchte ich mich höflichst bedanken.

Ich gebe zu, ich bin überrascht. Machen wir uns nichts vor: Ich bin vergessen. Was wissen Sie von mir? Gerade, dass ich der Bruder des großen Königs war und – man hat sich gewöhnt zu behaupten (zu Unrecht! aber wer weiß das schon?) – als der Jüngere (oder nicht doch auch der Unbegabtere?) in seinem Schatten stand. Aber wir wollen heute nicht von Friedrich reden: Sie ehren *mich* zu meinem 200. Todestag. Es ist göttliches Privileg und besonderes Vergnügen des geehrten Jenseitigen, durch die Erinnerung ins Leben zurückgerufen zu sein; ein Leben, das pikanterweise nicht mehr das seinige ist. Wohlan: Da bin ich! Und so nutze ich denn die Gelegenheit, Ihnen einen Abend lang vorführen zu dürfen: Das war ich.

Wenn ich Ihnen über mein Leben plaudere, so haben Sie bitte Verständnis, dass mir dabei versehentlich der ein oder andere historische Fehler unterlaufen kann. Nun, auf der Bühne geht es nie um Wahrheit, bestenfalls um die Illusion davon – und ich stehe auf der Bühne! Ich bin Prinz Heinrich, der für Sie Prinz Heinrich spielt. Habe ich mich schon zu Lebzeiten über mich geirrt – wie erst als Toter! Die Erinnerung im Jenseits ist eine sehr zweifelhafte Sache. Wie sollte man als Toter leben können, ohne das Vergessen?

Wie gerne würde ich mich Ihnen bei der Schlacht von

Freiberg zeigen, wo ich in Unterzahl die Österreicher in die Flucht geschlagen habe, ein Ereignis, das meinen europäischen Ruf als Feldherr begründet hat. Wie gerne würde ich mich Ihnen als Diplomat am Hofe der Großen Katharina in Russland zeigen, eine Unternehmung, die ich gegen den neidischen Willen meines königlichen Bruders Friedrich in die Tat gesetzt und die Preußen die polnische Teilung beschert hat. Leider muss ich mich in die Grenzen des Budgets der mein Angedenken verwaltenden Institution fügen, der dergleichen Spektakel zu rekonstruieren aus rein musealem Zwecke verständlicherweise zu teuer war. Also werde ich – irgendwo folgerichtig – auch meinen Auftritt als Erinnerter nicht auf einer der großen Bühnen Europas spielen. Ich gebe ihn auf der Bühne zu Rheinsberg, hier, dieser Stätte meiner Beschränkung und meines Glücks, meiner Freiheit und meines Exils. Natürlich erinnert sich nicht Europa an den Prinzen Heinrich, nein, Rheinsberg erinnert sich, und dies unter dem durchaus treffend gewählten Motto: »Ein Europäer in Rheinsberg«! Ja, ich kenne Europa, fast möchte ich sagen: die Welt; und ich will nicht verhehlen, dass es stets mein Verlangen war, meine Rolle im Leben auf der Bühne der Welt zu spielen. Aber hier in Rheinsberg habe ich das gefunden, was der Mensch seine Heimat nennt, hier habe ich jene Wärme empfunden, aus der das Leben sich nährt.

Und so erlauben Sie, dass ich mich zu Beginn meines nachleblichen Erscheinens zuallererst vor Rheinsberg und seinen Menschen verneige: Zweifellos bin ich ein Europäer – aber vor allem bin ich Rheinsberger. Und ich bin stolz darauf!

Er verneigt sich.

Nicht als Politiker zeige ich mich Ihnen heute Abend, nicht auf dem Schlachtfeld, nein: auf dem Theater. Ich habe beschlossen, Sie zum Anlass meines 200. Todestages mit einer Episode aus meinem künstlerischen Leben zu unterhalten. Nicht nur ein Prinz war ich, nicht nur Feldherr, nicht nur Diplomat! Ich habe Theater gespielt, wirkliches Theater, nicht die alltägliche Intrige, nein: die lebendige Kunst! Ich habe Oper gedichtet, komponiert und inszeniert. Und dabei war meine Situation damals nicht einfacher als die Situation des Theaters heute. Zu viele Ideen und zu wenig Geld. Nun: Ich wusste mir zu helfen. Wer bei mir als Kammerherr oder Pferdeknecht, als Magd oder Köchin in Dienst kam, musste vor allem eines mitbringen: Talent für die Bühne. Schmunzeln Sie nicht, nein im Ernst: Spielen Sie mit Ihren Angestellten Theater, musizieren Sie mit den Beamten Ihrer Verwaltungen – und Sie werden sich von den wichtigen und unwichtigen Dingen einen ganz neuen Begriff machen.

Lassen Sie mich Ihnen kurz das Bühnenbild erklären: Wir befinden uns in Rheinsberg, in meinem Theater, ich inszeniere die »Iphigenie auf Tauris« von Christoph Willibald Gluck. Ich erwarte Gäste. Ich werde ein Fest geben, wie Sie es sich in Ihrem knauserigen Jahrhundert nicht vorzustellen wagen. Ich weiß, wie man feiert. Ich weiß, was die Sinne bewegt! Ich kenne die Menschen!

Fragen Sie mich nach meiner auffälligsten Begabung, und ich antworte ohne zu Zögern: Ich durchschaue den Menschen. Wie sollte ich nicht? Von Geburt veranlagt zu weiblicher Sensibilität, in der Folge zahlreiche schmerzliche Enttäuschungen, gegen die ich mich mit einer Art versöhnlicher Sentimentalität wappne, als Drittgeborener mit kaum einer anderen Aufgabe behaftet als sich darzustellen und die anderen Darsteller zu beobachten, eine Marionette in den Intrigen des Hofes selbst Intrigen spinnend – das bildet, das prägt, das erzieht. Das lehrt, die eigene Maske zu führen und hinter Masken zu schauen!

Also, was hat Prinz Heinrich mit dieser inneren Disposition äußerlich erreicht: Ich bin ein brillanter Gastgeber, nennen Sie mir einen Menschen, den ich geachtet oder geliebt habe, der seine Tage bei mir in Rheinsberg nicht zu den erlebnisreichsten, harmonischsten seines Lebens zählt und mich anders denn beschenkt und glücklich verlassen hat.

Ich bin einer der fähigsten Diplomaten meines Jahrhunderts, ich habe durch meine Person und mein politisches Feingefühl das Bündnis mit Russland zuwege gebracht, die polnischen Gebiete verdankt Friedrich meiner Verhandlungsführung!

Ich bin ein in der Welt geachteter Militärstratege, Armeegeneral, ich ertrage auch im Alter von 52 Jahren trotz brennenden Durstes, Schwindelanfällen, Magenkrämpfen, entzündeter Augen noch einen Tag im Sattel durch Schlamm und Kälte, Dreck und Blut. Ich habe im Siebenjährigen Krieg neben Friedrich Preußens 2. Armee geführt, ich habe die Front erst gegen die Franzosen, dann gegen die Russen gehalten, ich bin der Sieger von Freiberg.

Und ich bin Regisseur!

Ja, ich erwarte Gäste. Wir schreiben das Jahr 1783 und ich gebe ein Fest mit zahlreichen Schauspiel- und Opernaufführungen. Ich liebe die Erregung der Verschwendung. Ich liebe es, mich mit geistig anregenden Menschen zu umgeben. Ich erwarte den französischen Botschafter aus Berlin, ich erwarte Melchior Grimm, ich erwarte sogar meinen ehemaligen Adjutanten und Geliebten Herrn von Kalckreuth (diesen Hund, dem ich verziehen habe), ich erwarte meinen Bruder Ferdinand und seine Familie, diese Sonne meines Herzens, ich erwarte meine unglückliche Schwester Amalie, meine unglückliche Schwester Sophie. Meine unglückliche Schwester Ulrike ist im letzten Jahr gestorben und meine unglückliche Schwester Wilhelmine ist lange tot, lange.

Meinen glücklichen Bruder Friedrich erwarte ich nicht. Glauben Sie, er hätte sich herabgelassen, mich auch nur ein einziges Mal in Rheinsberg mit seiner leibhaftigen Anwesenheit zu beehren? Hier, an jenem Ort, an dem er nach seinen eigenen Auskünften die erfülltesten Jahre seines Lebens verbrachte! Es kann nichts anderes als Zynismus sein, wenn er mir dieses Schloss, wo jeder Winkel von seiner glücklichen Anwesenheit schwärmt, in meinem 18. Lebensjahr schenkt und diese Gegend seitdem meidet wie der Teufel das Weihwasser. Glauben Sie, dieser hartherzige Sauertopf erinnert sich seiner jugendlichen Empfindungen, überhaupt einer menschlichen Regung, überhaupt jemals gefühlt, gelitten, gelacht zu haben? Friedrich fühlt am Schreibtisch und auf dem Schlachtfeld – was für ihn in jeder Hinsicht das Nämliche bedeutet – und sein Bedürfnis nach Zärtlichkeit ist gestillt, wenn ihm seine Hunde die Ohren schlecken. Die Lust seines Lebens ist der Dienst, und sein Verlangen nach einer zwischenmenschlichen Beziehung ist die Versklavung seiner Untergebenen; alles andere ist Heuchelei. Dieser trockene Alte kennt seine Familie aus seinem Budgetregister. Nie wird er mich in Rheinsberg besuchen – und ich will ihn hier auch nicht sehen! Wir wollen Friedrich heute Abend nicht weiter erwähnen.

Der Prinz trinkt einen Schluck Wasser.

Fragen Sie mich lieber über die Arbeit des Regisseurs. Sie erleben mich schließlich auf dem Theater und ich bin Ihnen einige Auskunft über meinen Begriff davon schuldig. Ist ein Regisseur im eigentlichen Sinne ein schöpferischer Mensch? Natürlich nicht! Schöpfer ist Gott – oder in unserem Falle: der Dichter oder Komponist. Die Schöpfung selbst ist: der Mensch – oder auf dem Theater: der Schauspieler. Der Regisseur nun ist kein Mensch, der erschafft, der Regisseur ist der Mensch, der versteht.

Eine Opernaufführung – oder ein Staat – sind bereits

da, auch ohne den Regisseur oder König. Allerdings in vollkommener Unordnung. Nichts ist geklärt: das Tempo der Musik, die Position der Dekoration, die Gedanken der Darsteller, die Auftritte der Statisten, die Liebe der Jugend und der Hass des Alters. Regie nun ist nichts weiter als Ordnung. Ordnung von laut und leise, Ordnung von Krieg und Versöhnung, Ordnung von Schönheit und Tod. Der Erfolg des Regisseurs ist der Applaus des Publikums, der Erfolg des Königs das Wohl des Volkes.

Die schädlichste Eigenschaft eines Regisseurs ist der Ehrgeiz. Die Folge des Ehrgeizes ist die Erfindung. Mit den Erfindungen des Regisseurs beginnt der Niedergang des Theaters. Ein Regisseur darf nicht selbst »gut« sein wollen, er muss wollen, dass seine Schauspieler »gut« sind! Es ist ganz das Nämliche auf dem Schlachtfeld: Der Ehrgeiz des Generals führt zur Vernichtung der Armee; der Ehrgeiz des Regisseurs führt zur Moderne. Ich habe mich Zeit meines Lebens nicht um einen Friedrich Schiller bekümmert und ich werde wohl auch in diesem Punkte Recht behalten!

Das Geheimnis der Kunst wie der Liebe liegt nicht in der Fähigkeit zu geben, sondern zu empfangen. Der Künstler – ganz ähnlich der Frau oder des weiblichen Mannes – nimmt in sich auf. Musik, Geschichten leben in ihm, durch ihn; aber er hat sie nicht erfunden: Er ist nur das Gefäß für ihre Aufbewahrung. Das Leben wie die Kunst pflanzt sich fort durch eine offene Wunde des Körpers – oder der Seele. Bis auf den heutigen Tag gibt es keinen besseren Begriff für diesen Vorgang, als ihn göttlich zu nennen.

Ich bin deswegen ein guter Regisseur, weil ich kein Künstler bin. Ich bin kein Schöpfer, ich bin das Gefäß für die Schönheit der Welt. Ich habe die erregbare Neugier einer Frau für das Fremde. Ich kann mich auffüllen mit Liebe und Musik bis zur Besinnungslosigkeit der Vernunft! Und ich bin mein eigenes Publikum!

Er wendet sich gegen die Bühne.

Schultze! Dritter Akt, vierter Auftritt. Tauentzien! D'Artois!

Sämtliche Darsteller lösen die Standbilder auf und reden durcheinander.

LEHNDORFF
Mein Prinz, die Dekoration ist noch nicht bezahlt. Der Schreiner bittet ...

HEINRICH
Musik ist Erotik der Natur ...

KAPHENGST
Könnten wir über ein Gastspiel der »Iphigenie« auf meinem Gut Meseberg ...

HEINRICH
... der Sänger das Instrument Gottes ...

FRÄULEIN KNOBLICH
Euer Durchlaucht, ich müsste den Gänsebraten aufsetzen.

HEINRICH
... wie ein Liebender das Instrument des Geliebten.

REISEWITZ
Der Chorführer der Griechen ist beim Abstauben des Großen Kurfürsten von der Leiter gefallen.

HEINRICH
Schultze! Tauentzien! D'Artois! Läuten Sie die Glocken des Universums, bis uns die Sinne übergehen!

Duett Orest/Pylades, Dritter Akt, Vierter Auftritt

ORESTES
Und du behauptest noch, dass du mich liebest?
Du, der den Göttern trotzt,
sein Leben kühn verschwendet?

PYLADES
Was forderst du von mir?

ORESTES
Dass du *mich* sterben lassest!

PYLADES
Nein, hoff es nicht von mir!

ORESTES
O Freund, lass dich erbitten!

PYLADES UND ORESTES
Erweich, o Gott, sein Herz,
Schütz mir nur meinen Freund,
mach, dass er mich erhöre.
Mein Blut sei ganz dir aufgeopfert,
In diesem kühle deinen Zorn.

HEINRICH
Ha, Friedrich, königliches Ungeheuer, hier ist das Leben,
hier ist das Glück. Meine Leidenschaft ist mein Triumph
über deine Tyrannei!

LEHNDORFF
Mein teurer Prinz, Seine königliche Hoheit Ihr Bruder
Friedrich lässt Ihnen freundlichst ausrichten, dass Sie mit
seinem Kommen zu Ihrer Premiere rechnen dürfen.
Dunkel

2

HEINRICH
Was sollten wir probieren, Schultze?

SCHULTZE
Was wünschen Eure Hoheit zu hören?

HEINRICH
Ich bin mir nicht sicher, Schultze, nicht sicher.

SCHULTZE
Vielleicht, dass Arie und Chor der Iphigenie »O lasst mich Tiefgebeugte weinen« einen günstigen Eindruck auf Eure Durchlaucht machen?

HEINRICH
Bitte, Schultze, fangen Sie an.

LEHNDORFF
Eure Hoheit, einen Moment bitte, der Chor deckt eben noch die Mittagstafel.

REISEWITZ
Euer Wohlgeboren, die Perücke der Iphigenie ist gestern bei der Beleuchtungsprobe abgebrannt!

TAUENTZIEN
Eure Hoheit, darf ich Fräulein von Marschall entschuldigen, sie hat sich gestern bei einem Spaziergang verkühlt und ist indisponiert.

FRÄULEIN MARSCHALL
Nein, nein, mein verehrter Prinz, es wird schon gehen, es geht schon.

Die Mitglieder des Chores stürzen herbei.

IPHIGENIE
O lasst mich Tiefgebeugte weinen
Dahin, dahin sind all die Meinen.
Ihr habt nicht Herrscher mehr, und ich bin elternlos.
Auch euer Jammer ist so wie der meine groß.

CHOR DER PRIESTERINNEN
O heilige Manen, du klagender Schatten,
Werft ein Aug' auf unser Leid.
Die letzten Tränen, die wir hatten,
Benetzten unser Trauerkleid.

Zum Ende der Arie bricht sie ab und beginnt zu weinen.

HEINRICH
Fräulein von Marschall, um Gottes willen, was fehlt Ihnen?

TAUENTZIEN
Haben Sie keine Sorge, Eu'r Durchlaucht, es ist, weil ... Es
geht vorüber, keine Sorge.
Führt sie in den Hintergrund.

HEINRICH
O Gott, die Liebe. Glück? Unglück? Nicht immer zu un-
terscheiden.
Danke, Fräulein Marschall, danke!
Die Darsteller auf der Bühne erstarren wieder zum lebendigen Bild.

Mein Bruder kommt! Ich wünschte, ich könnte ihn Freund
nennen. Einen Freund kann man sich aussuchen – aber diesen Bruder? Ich will nicht, dass er kommt. Es ist mir un-
angenehm. Nie bin ich von einem Menschen so gekränkt
worden. Meinen Begriff von Unfreiheit, von Zwang, von
Unterdrückung habe ich gelernt von diesem Bruder! Ich
war 14 Jahre, als unser Vater starb, noch Kind, dazu ein
königliches – und somit ausgeliefert der Willkür des neuen

Königs, meines Bruders. Beschenkt mit einem Regiment, das zu drillen und vorzuführen fürderhin mein Ehrgeiz sein sollte. Eingesperrt in eine Wohnung in Potsdam, die Abende damit verbringend, die gelben Blumen in der Tapete zu zählen. Ich musste ihn um Erlaubnis bitten, wenn ich Freunde in Berlin besuchen wollte, an *Reisen* gar nicht zu denken. »Das führt zu Missverständnissen in der Staatsraison, wo denken Sie hin, mein kleiner Heinrich, ich wache über Sie zu Ihrem eigenen besten!« Oh ja, er hat mich erzogen, hat mir den Verzicht beigebracht, sich einmischend in meine delikatesten Empfindungen, meine aufkeimende Leidenschaft eifersüchtig verspottend. Diener des Staates, Monster der Preußen. Ich, unsere gesamte Familie, ein ganzes Land abhängig von Lob und Tadel dieses willkürlichen Alten, schon alt, als er noch jung war. Und ich habe mich seinem Lob unterworfen. Was hätte ich anderes tun können? Ich hatte Angst vor ihm ein Leben lang, Angst davor, was Bruder der Große zu meinen Handlungen sagt, immer der Meinung, seine Achtung und Ächtung sei gleich das Urteil der Welt.

Sehr spät erst habe ich mich von ihm befreit. Es gab eine Zeit, da war ich über ihn hinausgewachsen, ich, der Jüngere, der Unverbrauchte ... Wie lange hat mir Friedrich eigentlich misstraut? Oder anders: Hat er mir je getraut? Ja, wenn es ihm schlecht ging, wenn er von Gicht geplagt an den Tod dachte, dann, ja dann schrieb er mir Briefe, beinahe voller Zärtlichkeit, beinahe liebevoll. Doch seine Sorge galt letztlich nie mir, seine Sorge galt dem Staat, noch dazu er seinen Nachfolger, den Kronprinzen Friedrich Wilhelm, unseren etwas beschränkten Neffen, nicht achtete. Da hat er mich benutzt. Da will er mich an seinen Staatsgeschäften beteiligen. Da teilt er sich mit, da teilt er mit mir!

Es gab eine Zeit, da wäre dies die Erfüllung meines ganzen Verlangens, meines größten Wunsches gewesen. Beteilung an der Lenkung und am Schicksal des Staates! Ein Mensch muss eine Rolle spielen, eine Aufgabe haben – oder eine Liebe. Das wäre meine Aufgabe gewesen, eine Rolle im Staat spielen, eine entscheidende. Und glauben Sie mir, Deutschland sähe anders aus, wenn ich nur fünfzehn Jahre Regent von Preußen gewesen wäre!

Sie haben recht: Ich bin ein komischer Mann. Die meiste Zeit meines Lebens habe ich damit verbracht, über mich nachzudenken. Dieses Haus hat mich alt werden sehen, jeder Stein im Park von Rheinsberg kennt meine Gedanken. Und wissen Sie, was die quälendste und wohl zugleich lächerlichste aller Fragen war: Bin ich ein *großer Mensch?* Bin ich dazu geboren, etwas Großartiges zu vollbringen? Bin ich groß, oder ist dies nur meine Vorstellung von mir?

Was erfordert Größe? Zweifellos: Begabung. Ich denke, sicher von mir sagen zu dürfen und mich darin auch in Übereinstimmung mit längst toten und noch lebenden Ihren oder meinen Zeitgenossen zu befinden: Ich war begabt! Was weiter?

Disziplin? Die hatte ich auch, oh ja, eine selbstzerstörerische, quälende, meinen Körper ruinierende, schon meine Kinderseele erstickende, in Vernunft und Gewohnheit zementierte Disziplin. Weiter!

Mut. Oh, mein Mut grenzt an Dummheit, ich wäre fast in einem Bach ersoffen, weil ich meinen Soldaten beweisen wollte, dass ich ein verwegener Kerl bin.

Ein Ziel. Ja was! Die Größe ist sich Ziel genug, sie sucht sich nur Gelegenheiten und die gab's genug: der Staat, Ruhm, Ehre, Krieg, Frieden, Preußen.

Wille zur Macht. Je nun. Hier teilt sich die Antwort. Zwar: Ich hatte ihn, doch war der Wille wohl geschwächt durch Vornehmheit, wollte ich doch auf Grund meines Verdienstes *gebeten* werden, Macht zu übernehmen. Ich wollte mir einer lächerlichen Anständigkeit halber keinen Genuss daran nachsagen lassen! Ich muss hier eine gewisse

Schüchternheit einräumen, die der Sensible wohl empfindet, wenn er etwa gelobt wird. Nun gut. Was noch? Oder fragen wir: Was fehlte mir?

War ich zu schwach? War meine beleidigte Zurückgezogenheit in Rheinsberg nicht eine Art der Feigheit, die seinen selbst ernannten Stolz still – und darum umso eitler – genießt? War ich für das große Geschäft zu klein, vielleicht zu dumm sogar? Dies war das Gift in meinen Gedanken, das mir die Seele verzehrt hat, das sich nicht wegfeiern ließ in Festen und Opernaufführungen, das Gift, das mich hässlich gemacht hat und albern, verbittert und krank. Was taugt die Vornehmheit, auch Vornehmheit der Seele in der Pflicht der Freundschaft, wenn sie mich immer wieder zum Diener erniedrigt, wenn sie mich immer wieder im Verbund mit jener Sehnsucht nach Harmonie in die Rolle des Zweiten zwingt? Für wen wollte ich *gut* sein? Für andere! Natürlich, aber warum? Ich kenne das Gefühl der Verachtung. Ich *konnte* streiten ... Oh was für ein Genuss, wenn die Reizung einer ungerechten Welt oder die Dummheit eines dreisten Menschen zu weit gegangen war und sich der Hass aus der Seele ergießt. Was für ein Genuss, wenn man einen frechen Feind oder Freund sich ducken sieht! Nein, ich war nicht schwach. Ich konnte ertragen, einen Menschen zu vernichten, ich habe Blut gesehen – und ich konnte es vergessen.

Nein, meine Gedanken kehren immer wieder zu dem einen Punkt zurück, zu dem einen Grund, weshalb ich in dieser Welt nicht *groß* sein durfte. Und dieser Grund hat einen Namen: Friedrich!

Die Natur hat ihn mir vorgesetzt. Gut. Und ich will mit keinem Schicksal hadern, noch viel weniger mit meinem Bruder. Aber dass er seine Macht wider bessere Überzeugung so stur in seinem Besitz gehalten, so misstrauisch gegen mich abgeschirmt hat – dafür habe ich ihn in ehrlichen

Stunden gehasst, das hat mich gemartert. Soll er mir nach meinem Verdienst einen Posten, ein Ansehen im Staate geben und mir die Disziplin aufzwingen, die ihm ein Minister schuldig ist – oder soll er mir die Freiheit geben. Aber von ihm hervorgeholt zu sein, just wenn er meine Dienste nötig hatte. Und wenn er meinte, meiner nicht weiter zu bedürfen, wieder abgeschoben nach Rheinsberg, ins Exil geschickt zu werden! Ein Hampelmann zu sein an einem Strick, dessen Ende er in der Hand hielt und zog, wann es ihm beliebte – das kann ich ihm nicht verzeihen.

Und doch: vorbei! Mein Bruder kennt mir gegenüber kein Gefühl. Ich bin der freche Konkurrent in der Familie, den man niederhalten muss, damit er sich nicht auf die eigene Höhe versteigt. Ich könnte ein Maßstab für ihn werden. Ich bin gefährlich. Früher ließen die Regenten ihre Brüder töten. Oder – so viel muss man zugeben – wurden von ihnen getötet.

Mit Friedrich verbindet mich nicht einmal Freundschaft. Wir haben einzig ein Interesse gemeinsam, das Interesse an unserer Familie. Das heißt: das Interesse am Staat, denn unsere Familie ist der Staat. Jegliche Sympathie ist eine Lüge, ist Theater für die Nachwelt.

Wissen Sie übrigens, warum das Theater in Ihrer Gegenwart so unglaublich an Bedeutung verliert? Die bösen Menschen gehen nicht mehr hin. Sie entziehen sich einfach, bleiben zu Hause, gehen in teuren Restaurants essen, besprechen Geschäfte oder verführen junge Mädchen. Stellen Sie sich vor, Sie ziehen mit einer Armee in den Krieg, und es ist kein Feind da. Ist das etwas anderes als peinlich? Und jetzt verhandeln Sie mal über ein Kriegsbudget! Genau das ist die Situation des Theaters. Kein Feind geht hin. Zu meiner Zeit hatte das Theater eine Aufgabe. Man ging hin, um sich zu bilden. Heute geht man ins Theater, weil man gebildet ist. Was ein Bedürfnis war, ist heute Verpflichtung. Der Begriff des Theaters als einer »Anstalt« stammt noch aus meinem Jahrhundert, ist aber nach wie vor äußerst zutreffend. Heute ist das Theater eine Anstalt für schwererziehbare Staatsbürger. Mir unverständlich, warum so viele Theater geschlossen werden. Was macht man mit den ganzen Unglücklichen, die – aufgrund einer politischen Unzufriedenheit, einer psychologischen Disposition oder einfach, weil sie zu langsam oder zu ungeschickt waren – keinen anderen Platz im Leben finden, wenn man ihnen die Theater wegnimmt? Gebt ihnen das bisschen Geld und lasst sie spielen! Es hat doch keine Bedeutung mehr! Denken Sie, für mich war das Theaterspielen hier in Rheinsberg etwas anderes, als die Rettung vor dem Wahnsinn? Oder der Anarchie?

Freundschaft, oh du einzig wahrer Gott, zu dem ich bete. Wie viele Männer haben meinem Bruder dem Großen ihre Freundschaft geopfert und dieser Freundschaft das Leben. August Wilhelm, ein unglücklicher Bruder von uns. Wie viele Soldaten, Offiziere, Söhne Preußens! Und Friedrich? Opfert sich selbst sich selbst – oder dem Staat, wie er es nennt. Und er vergisst die Getreuen, vergisst derer, die ihn liebten. Ich nicht! Rheinsberg ist ein Mahnmal der Freundschaft. Ich habe einen Obelisken gebaut, mit dem ich all der Männer gedenke, die Friedrich in seinen Memoiren nicht einmal erwähnt hat. Ich habe einen Freundschaftstempel gebaut, wo ich meine Freunde weihe. Wie drückte ich es damals aus?

>»Der Freund sucht nicht sein eigenes Glück, sondern das des Geliebten. Verleumdungen, Klatschereien und Bosheiten haben keine Macht über sie. Oft wählt man in der Jugend, wo seine Schönheit unser Herz entflammt, aber mit den Jahren muss man von diesen Äußerlichkeiten zum Innern vordringen

und die geistige Übereinstimmung suchen, um der
Freundschaft Dauer zu geben.«

Der Prinz wirkt versunken.

Friedrich, wenn du wüsstest, wie sehr ich mir deine Freundschaft gewünscht habe! Ich gäbe die letzten zehn Jahre meines Lebens dafür, mich von dir ein einziges Mal umarmt
zu wissen.

Schultze!

Die Darsteller lösen sich aus ihren Positionen.

SCHULTZE
Ich weiß, mein Prinz.

Rezitativ und Arie des Pylades, Zweiter Akt, Erster Auftritt

PYLADES
O wie beleidigend für den, der dich so liebet!
Freund, sei gefasst, als Helden sterben wir.
Entehr in deinem blinden Eifer nicht deinen Pylades,
Die Götter und dich selber!

Befreundet waren wir schon lange
Und wünschen nur das eine;
So ist mein Herz nicht bange,
Wenn uns das Los vereine.
Mag das Schicksal uns bekriegen,
Folg gelassen, wenn es ruft;
Denn es wird in einer Gruft
Unser Staub zusammenliegen.

HEINRICH
der sinnend der Musik gelauscht hat

Lehndorff! Kaphengst! Reisewitz! Habt Ihr vernommen?
Der König kommt! Ich möchte das rauschendste, herrlichste, großzügigste Fest geben, das Rheinsberg je gesehen

hat und jemals sehen wird. Ein Fest der Musik. Ein Fest des Lichtes. Ein Fest der Freude. Dies Fest gibt Heinrich, der Hohenzoller, seinem Bruder Friedrich, dem größten König des Jahrhunderts!

Dunkel

Lehndorff
Mein Prinz, wir sollten die Griechen von der Probe suspendieren, sie müssen den Park harken.

Heinrich
Genehmigt.

Kaphengst
Mein liebster Freund, darf ich Ihnen die Kutsche, die Sie mir neulich schenkten, zum Empfang des Königs anbieten?

Heinrich
Ich danke Ihnen, mein Freund.

Fräulein Knoblich
Euer Durchlaucht, es muss sofort das Wild aus dem Eiskeller geholt werden.

Heinrich
Geh sie und weise die Mägde an!

Reisewitz
Wo bringen wir Seine Majestät unter?

Heinrich
In seinen ehemaligen Gemächern. Geben Sie die Renovation in Auftrag.

Steinert
Wir müssen den Müll von der Liebesinsel abfahren lassen!

Heinrich
Tun Sie das.

Tauentzien
plötzlich hervortretend
Mein Prinz, ich liebe Mademoiselle Marschall.

Heinrich

nach einer Pause

Singt, meine Freunde, singt!

Arie des Orest, Zweiter Akt, Dritter Aufzug

Orest
Der Frieden kehret in mein Herz.
Der Götter Grimm ist nun, mich zu verfolgen, müde!
Ich bin an meiner Qualen Ziel.
Ihr Rächer im Olymp,
So schenkt ihr endlich Ruhe mir!
Der Frieden kehret in mein Herz!

Die Darsteller verharren zum Ende der Musik in ihren Positionen.

Heinrich

Es ist für mich erstaunlich, dass sich die Sicht Ihres Jahrhunderts auf Preußen auf seine militärischen Erfolge und sein Beamtentum weitgehend beschränkt. Nun gut, Preußen, das ist der Staat, das ist ein Prinzip, und dazu ein ehrliches. Man stellt sich einen Hohenzoller nicht anders vor als nüchtern, gerecht, diszipliniert, seiner Aufgabe als Soldat oder Beamter stets gewachsen – aber in jedem Falle *trocken.* Wissen Sie, was dieser Rheinsberger Park an Liebesschmerz, an Sehnsucht und Erfüllung gesehen hat? Erst ein moderner Dichter musste zwei beliebige – Berliner! – Personen erfinden, um der Liebesmacht des Rheinsberger Parks Ausdruck zu geben. Dass diese eiserne Energie der besten Hohenzollern, diese politische und intellektuelle Dimension der besten Köpfe unserer Familie erzwungen war um den Preis des Verlustes der Leidenschaft, dass die Liebe zu einem Menschen sich ducken musste unter die Pflicht an einem Volk – das ist in Ihren Geschichtsbüchern bestenfalls als Fußnote zu lesen oder verkommt zur psychologischen Studie. Aber was für einen Zusammenhang gibt es hier! Mein Bruder war bereits ein Krüppel, als er 1740 im Alter von 28 Jahren den preußischen Thron bestieg. Er musste ein *großer* Mensch werden, weil er Mensch nicht mehr sein durfte.

Unser Vater, kennen Sie ihn? Natürlich. Dieser zeitlebens cholerische Dickkopf mit der großen Vorliebe für lange Kerls und lebende Zinnsoldaten. Nein bitte, sagen Sie ehrlich: Kann die Idee, eine Armee zu choreografieren, bis sie sich bewegt wie ein tanzender Tausendfüßler im Karneval, dazu noch eine Kuriositätensammlung »langer Kerls«, – zusammengekauft und gestohlen in der ganzen Welt – auf etwas anderem gründen als auf einem Spieltrieb? Europa muss damals ganz ähnlich gedacht haben, hat doch diesen norddeutschen Polterkopf kein Staat wirklich ernst genommen. Ist jenes tägliche Soldatenballett wirklich eine strategische Überlegung gewesen oder nicht vielmehr die Schrulle eines überspannten Kindes? Was nicht in Frage stellt, dass es eine Revolution in der Militärgeschichte war, aber entstehen große Erfindungen nicht immer aus Spielerei? Mein Vater, dieser »kriegerische« Mann, hat noch dazu peinlichst vermieden, mit seinem Zinnsoldatenarmeelieblingsspielzeug tatsächlich in einen wirklichen Krieg zu ziehen. Das tat erst mein Bruder, dem man sein Lieblingsspielzeug, einen jungen Leutnant, gründlich ausgetrieben hatte. Nein, unser Vater war ein von Perfektion und cholerischer Pedanterie besessenes Kindergemüt mit einer wahrhaft phantastischen Gefühlswelt, in der leider so profane Dinge wie die eigenen Kinder oder die eigene Frau nur en détail vorkamen. Ich glaube übrigens sicher, dass den monatlichen Regelkalender meiner Mutter mein Vater geführt hat. Er wollte sichergehen, wann seine männliche Leibesanstrengung königliches Zeugnis von ihm ablegte. Mit dem Pflichtbewusstsein eines Nashorns hat er ihr jedes Jahr ein Kind in den Leib gestopft.

Sie werden den Eindruck haben, dass mein Bruder der Große und ich unserem Vater im höchsten Maße unähnlich sind. Das ist falsch. Der Vater ist die Sucht des Sohnes. Möge er ihn hassen oder lieben. Wir haben unseren Vater geliebt, und mit ihm sein Werk: den Staat. Seine Besessenheit, seine Arbeit, seine Kraft – das ist unser Anspruch ans Glück. Mein Vater war der Wolf, der das Rudel führt. Friedrich ist ein Wolf, der das Rudel führt. Ich allerdings durfte kein Führer von Wölfen werden. Man hat mich auf einer Insel ausgesetzt, mit einer Herde von Schafen! Ich konnte nun wählen, mit ihnen zu spielen oder sie zu fressen.

Mein Vater hat uns nie wirklich wahrgenommen. Er hat an uns nie mehr als seine Pflicht getan. Die Verpflichtung, seine Kinder zu lieben, empfing er von Gott, nicht aus seinem Herzen. So hat er sich wohl auch nie ein Gewissen daraus gemacht, dass er unsere Schwester Wilhelmine mit der Faust ins Gesicht schlug.

Menschen, die ständig arbeiten, ständig im Dienst sind, verfügen über eine sehr überraschende Art von Gewissen: Sie habe keines. Sie haben kein Gewissen nötig. Sie befinden sich in einer ganz erstaunlichen Übereinkunft mit Gott: Sie lösen eine *wichtige Aufgabe*. Dabei ist es unwesentlich, was eine wichtige Aufgabe ist. Eine wichtige Aufgabe kann die Führung eines Staates sein, es kann das Schreiben einer Tragödie sein, es kann auch eine Laubsägearbeit sein. Wichtig an der Aufgabe ist allein die *Überzeugung*, die man davon hat. Grundlage jeder echten Überzeugung ist die Gewissheit, dass das, was man tut, man nicht für sich selbst tut. Dabei ist auch egal, für wen man es tut: ob für ein Volk, ob für eine Familie, ob für die Menschheit, ob für die Kunst oder einfach, um Geld zu verdienen. Diese Menschen brauchen kein Gewissen, sie *sind* das Gewissen. Gut ist, was wichtig ist, und wichtig ist, was sie tun. Diese glücklichen Menschen ahnen nicht einmal, dass sie alles, was sie tun, ausschließlich für sich selbst tun. Unser Vater war so ein glücklicher Mensch. Ich glaube fest daran, dass er es für das einzig Richtige hielt, den Liebling meines Bruders, Leutnant Katte, vor Friedrichs Augen zu köpfen. Wir haben unseren Vater geliebt. Wir lieben ihn noch. Seine Anerkennung ist unsere Selbstachtung. Und – wer weiß? – vielleicht war es richtig, unsere Schwester mit der Faust ins Gesicht zu schlagen und Katte zu töten.

Es kommt die Zeit, oft erst im Alter, da sitzt man und grübelt über sein Elternhaus: Ist die Geschichte meiner Familie wirklich »tragisch« zu nennen? Tragisch wie die der Atriden? Gibt es wirklich eine annährend ähnliche Dimension im Leid der Iphigenie, des Orests, Friedrichs des Großen und des Prinzen Heinrich? Wenn ich die »Iphigenie« höre, kommt mir die Geschichte der Hohenzollern wie billiger Familienklatsch vor.

Schultze! Erster Aufzug, erster Auftritt. Iphigenie und Chor!

Die Darsteller auf der Bühne »erwachen« zum Leben.

Rezitativ Iphigenie und Erste Priesterin; Iphigenie erzählt in einem dramatischen Rezitativ über einen Traum, in dem ihr Vater und Mutter erschienen sind; anschließend Chor, Erster Akt, Erster Auftritt

IPHIGENIE
Ich sah in dieser Nacht die Burg der Ahnen wieder.
Der Boden zittert unter mir,
Ein Feu'r durchglänzt die Luft, der Donner rollt hinab,
Und der Palast stürzt ein, ergriffen und verzehret.
Und aus den Trümmern, aus dem Rauch
Kommt eine Stimme zärtlich klagend,
Hin flieg ich, wo sie sich erhebt:
Meinen Vater, weh mir, seh ich fliehend
Und blutig und durchbohrt. Ich sah ein Schreckensbild,
Das mordgierig ihn verfolgte:

das Schreckensbild war meine Mutter.
Sie reichet mir ein Schwert und dann verschwindet sie.

O Pelops Geschlecht! Von der Götter Grimm geschlagen!
Denn an den spätsten Enkel noch
Straft ihre Rächerhand des Tantalus' Verbrechen!
Mein Bruder, er bleibt meiner Hoffnung Ziel.
Er, sag' ich tröstend mir, wird meine Qualen enden.

HEINRICH

Den folgenden Text spricht der Prinz über die Musik mit Beginn des Chores.

Friedrich und ich sind uns ähnlicher, als wir beide glauben. Nie haben wir darüber gesprochen. Sein Besuch jetzt ist nicht Ausdruck seiner Höflichkeit. Er ist ein Zeichen, ein Symbol seines Verstehens für unser beider Schicksal, es ist der Ausdruck seiner Liebe zu mir. Jener Rest Liebe, zu der ein Mensch noch fähig ist, wenn er zerbrochen wurde, um ein großer König zu sein. Für einen Moment seines Lebens bin ich ihm wichtiger als das dringendste Staatsgeschäft. Ich verlange kein Amt, so sehnlich ich es vielleicht wünsche. Ich verlange nicht die Beteiligung an der Macht. Und Friedrich hat wohl recht, wenn er mich dieser stetigen unerfreulichen Belastung nicht gewachsen sieht; er war es, der mir Rheinsberg geschenkt hat, der mir in Berlin ein großartiges Palais bauen ließ, heute Berlins herrlichste Universität! Was mir zur Ehre gereicht, auch wenn sich niemand mehr erinnert, dass dieses Gebäude einst das »Prinz Heinrich Palais« war. Friedrich beschenkt mich großzügig mit Geld, er gestattet mir, seinem kleinen Bruder, ein Leben in Freude, Liebe und Kunst, das ihm zu führen verwehrt ist.

Friedrich kommt nach Rheinsberg. Mein Bruder liebt mich!

Mit dem Ende des Textes endet auch die Musik.

Mein liebster Prinz, Seine Majestät, Ihr Bruder bedauert, aufgrund dringender Staatsgeschäfte seinen Besuch leider absagen zu müssen.

Dunkel

Mit dem Licht entsteht eine sehr lange Pause. Prinz Heinrich regungslos. Die Darsteller auf der Bühne wechseln untereinander Blicke. Endlich:

HEINRICH
Schultze! Wir wollen probieren. Wo blieben wir gleich stehen? Ach ja, »Iphigenie«. Bitte wiederholen. Und mit mehr Ausdruck, mehr Ausdruck!

SCHULTZE
Was, mein Prinz?

HEINRICH
Was *was*?

SCHULTZE
Was sollen wir wiederholen?

HEINRICH
Was spielten wir nicht eben?

SCHULTZE
Mein Prinz, wir sind gesprungen.

HEINRICH
Gesprungen. Ja, bitte. Springen Sie. Spielen Sie etwas Lautes.

Rezitativ und Chor Iphigenie, Thoas, Orest, Pylades, Priesterinnen, Griechen, Skythen, Vierter Akt, Vierter und Fünfter Auftritt

THOAS
Ha, deine List, nun ist sie klar enthüllet,
Du schändest den Altar, verschwörst dich wider mich.
Nun ist es endlich Zeit, die Götter zu versöhnen,
Nun ist es endlich Zeit, Verräterin, dich zu strafen!

ORESTES
Du wagst es? Sie, meine Schwester?

THOAS
Ja, strafen muss ich sie
und all ihr Blut!

PYLADES
Nein, Tyrann, du musst sterben!

CHOR DER KÖNIGLICHEN WACHEN
Auf, rächen wir des Königs Tod mit Blut!
Stoßt zu!

IPHIGENIE
Schützt, Götter, meinen Bruder!

HEINRICH

Bricht auf dem Akkord des Orchesters, der den Auftritt der Diana einleitet, ab.

Halt! Danke, bis dahin.

Die Darsteller auf der Bühne erstarren. Heinrich wendet sich an das Publikum.

Meine Damen und Herren, ich bedauere unendlich, Ihre kostbare Aufmerksamkeit, die Sie der Erinnerung an mich, den Prinzen Heinrich, gewidmet haben, mit einem derart ausführlichen Exkurs über meinen Bruder Friedrich vertändelt zu haben. Die Zeit läuft mir davon, und der sie mir stiehlt, ist wieder und wieder Friedrich. Er soll im Laufe unseres heutigen gemeinsamen Abends keinerlei Aufmerksamkeit mehr finden.

Vergessen wir die »große Welt«. Vergessen wir das Streben nach Ruhm, Größe, Unsterblichkeit, vergessen wir das Staatsgeschäft, vergessen wir für einen Moment selbst die Kunst. Ich möchte Ihnen meine Schafe vorstellen, meine treuen Freunde, die mehr Verdienst an der Freude in meinem Leben hatten als ein König, meine Familie oder irgendetwas sonst in der Welt.

Zuerst und vor allen anderen erwähnt zu werden verdient Ernst Ahasverus Heinrich Graf von Lehndorff, einst Kammerherr der Königin und mein treuer Freund in fünfzig Jahren.

Lehndorff tritt hervor.

Ich gebe zu, diesen Menschen nur ungenügend erkannt zu haben. Zu Beginn unserer Beziehung vor gut dreißig Jahren gibt es eine Bemerkung von mir über ihn zu lesen: »Mit dem jungen Lehndorff konnte man sich blendend amüsieren.« Ganz anders er über mich: »Niemals werde ich mehr lieben können als jetzt.« Und angesichts der Qualen, die ich ihm als unbeständiger Liebhaber zufügte: »... das Unglück will, dass meine Leidenschaft stärker ist als meine Vernunft.« Dieser Mann bewahrte mir eine Freundschaft, an der auch seine zwei Ehen, seine Entfernung nach Ostpreußen ein Leben lang nichts änderten. Sein Tagebuch enthält eine Fülle intimer Details meines Privatlebens und zeichnet der Nachwelt ein liebevolles Bild von mir, wofür ich mich bedanken muss. Prinz Heinrich in den Augen von Lehndorff. Mein lieber Alter, ich umarme Sie. Mögen Sie in Frieden ruhen.

Lehndorff tritt aus dem Licht und in seine Pose zurück.

Mein Adjutant Boguslav von Tauentzien!

Tauentzien tritt ins Licht.

Als fast noch ein Junge trat dieser Mann in meinen Dienst. Er wird mich eines Tages verlassen, um in den Krieg gegen das revolutionäre Frankreich zu ziehen, einem nach seinen Worten »gegen alle politischen Einsichten unternommenen und dem Interesse Preußens eher schädlichen als nützlichen Krieg«.

Ich will es ihm verbieten und bin sehr enttäuscht, als er

dennoch geht. Wahrscheinlich hatte er recht. Wenn man die weitere Karriere des General Tauentzien von Wittenberg betrachtet, treten überall seine Menschlichkeit, sein taktisches Können, sein organisatorisches und diplomatisches Geschick hervor. Eigenschaften, die er nach meinem Vorbild und unter meiner Anleitung entwickeln konnte. Danke, Tauentzien, Sie geben einen guten Orest. Danke!

Sehen Sie hier die Iphigenie, Fräulein von Marschall, eine Hofdame meiner Frau, reizendes junges Leben.

Tauentzien verliebt sich in sie in Rheinsberg, heimlich heiraten die beiden in Baruth. Der König, Vater Tauentzien und Tante Knesebeck – auch ich – sind empört über diese Pflichtwidrigkeit, ohne königliche Erlaubnis. Geschehenes ist selten rückgängig zu machen, noch dazu das junge Kind im vierten Monat schwanger ist. Schauen Sie in dieses weiche Gesicht, ahnungslos, was das Leben betrifft, hoffnungsvoll, was das Glück anbelangt. Ich versuche, zu versöhnen. Den Vater mit dem Sohn, die Tante mit der Nichte, den König, mich selbst ...

Es lohnt hier, das Schicksal zu verklagen. Fräulein von Marschall – nachmals Frau von Tauentzien – stirbt im Kindbett im Alter von zwanzig Jahren. Warum finden, die so leidenschaftlich ihr Glück suchen, so erbarmungsloses Unglück? Ich möchte Sie bitten, dieser tapferen jungen Frau eine Minute Ihrer Erinnerung zu widmen.

Schultze – den Chor!

CHOR DER PRIESTERINNEN

Vierter Akt, Zweiter Auftritt
O siehe, Göttin, unsre Tränen.
Das Opfer ist geschmückt; bald fließet dir sein Blut.

O möchte dieses Opferblut,
Möcht unser Flehen deinen Zorn versöhnen!
Keusche Tochter der Latone,
Merk auf unsren Huldgesang!
Unser Weihrauch, unser Wunsch
Dring hinauf zu deinem Throne!

Ich danke, Fräulein von Marschall, ich danke.

Sehen Sie hier: Baron von Reisewitz.

Mein Stallmeister und wenig später von mir zum Intendanten von Rheinsberg ernannt und mit der Aufsicht über wichtige Bauvorhaben zur Umgestaltung des Rheinsberger Parks betraut. Dieser Schritt setzt viele in Erstaunen, da Reisewitz bereits als Stallmeister 3000 Taler Schulden gemacht hat und seine Wirtschaftsführung tatsächlich chaotisch war. Aber er hat Ideen. Wir verdanken ihm einige der hübschesten Anlagen in diesem Park, wie z. B. das Heckentheater oder die Feldsteingrotte. Der Mann war begabt, aber vom Teufel besessen. Ein Spieler, und dazu ein unglücklicher. Aber ein treues Gemüt. Ich habe bereits vor meiner Rückkehr aus dem Krieg schriftlich Rechenschaft für seine Budgetüberziehungen von ihm gefordert. Nach einigen Entschuldigungen, warum dies und jenes noch nicht fertig war, schreibt dieser Mensch folgende Zeilen:

»Wie kann ich ein glücklicher Mann sein, wo ich doch das Vertrauen meines Herrn verloren habe? Wenn Sie mir auch alles gegeben haben, was ich wünschte, und genug Geld, um es in einigen Geschäften anzulegen, von denen mehrere einheimische Personen profitiert haben, so kann man das vielleicht als Laster bezeichnen. (...) Wenn es möglich wäre, durch meine Dienste meine vergangenen Dummheiten wieder gut zu machen, und ich ganz umsonst arbeiten würde, so wären diese vielleicht vergeben, aber nicht vergessen. (...) Ich schreibe dies mit Tränen in den Augen, über die Sie sich vielleicht lustig machen und nichts weiter wünschen, als mich los zu sein. Und ich denke selbst daran, Sie von einem Individuum zu befreien, das Ihnen zur Last fällt. (...) Mein Herz krampft sich mir zusammen, ich kann nicht weiter schreiben ...«

Johann Gottfried von Reisewitz erlebt meine Rückkehr nicht mehr. Er hatte meinen Sieg bei Freiberg mit einer verschwenderischen Illumination feiern lassen. Dann starb er an einem »hitzigen Fieber«. Es verbreitete sich das Gerücht, er habe Selbstmord begangen. Es gibt Menschen wie Fackeln, deren einzige Bestimmung ist, entzündet zu werden und zu verbrennen.

Danke, Reisewitz, danke.

Reisewitz tritt in seine Position zurück.

Wer sind Sie?

Fräulein Knoblich

Tritt hervor, aber nur bis an den Rand des Lichts.

Fräulein Knoblich, Durchlaucht, die Köchin. Ich bin nicht historisch. Ich bin ein Fehler ihrer Erinnerung.

Heinrich

Tatsächlich? Nun, Fräulein Knoblich, seien Sie mir willkommen. Diese versehentliche Schöpfung gibt mir beinahe das Gefühl, wieder lebendig zu sein. Danke.

Fräulein Knoblich tritt zurück.

Mein Assistent, Major von Kaphengst bitte!

Major von Kaphengst tritt ins Licht.

Kaphengst war die Liebe im ersten Herbst meines Lebens. Er war, als wir uns kennenlernten 26 Jahre alt, ich 40. Er war groß, mutig, geistvoll und – fröhlich. Wie schrieb ich einst so trefflich: »Fröhlichkeit ist nach der Gesundheit die angenehmste aller Illusionen.« Wo er war, gab es keine Langeweile. Er tanzte Ballett, spielte Theater, war charmant zu jedermann und anregend. Meine Sehnsucht nach Kaphengst war der Krieg meines Lebens im Frieden.

indem er vortritt

Erlauben Sie, mein Prinz, dass ich aus meinen »Tagebüchern« um einige Fakten ergänze?

Liest:

»Prinz Heinrich bezahlt für seinen Adjutanten Major von Kaphengst mehr als 50.000 Taler Schulden. Er schenkt ihm die Wartenslebenschen Güter Meseberg, Baumgarten, Schönermarck und Rauschendorff im Werte von 130.000 Talern. Zum Vergleich: Baron von Reisewitz erhielt in seinen Diensten als Stallmeister ein Jahresgehalt von 300 Talern. Um die Kaufsumme und das Geld für die Einrichtung des Schlosses aufzubringen, hat Prinz Heinrich 29 Gemälde seiner Sammlung an die russische Zarin Katharina II. verkauft, darunter Bilder von van Dyck, Rubens, Teniers, die noch heute in der Eremitage von St. Petersburg hängen. Außerdem leiht Prinz Heinrich von seinem Bruder Ferdinand 35.000 Taler, von seinem Amsterdamer Bankier Ephraim Veitel 5.000 Taler, von den Amtmännern seiner Güter insgesamt 8.000 Taler. Doch damit nicht genug. Kaphengst richtet die Hochzeit einer seiner Schwestern fürstlich auf Meseberg aus. Vierzehn Tage lang beherbergt er 40 Personen, die alle durch die Küche und den Keller des Prinzen unterhalten werden;

und während seine königliche Hoheit sich mit einer Flasche Champagner auf seiner Tafel begnügt, leert man in Meseberg 1.900. Dieser Günstling kostet den Prinzen jährlich mehr als 10.000 Taler. Derweil belegt Prinz Heinrich seine Köche mit Geldstrafen, weil sie zu viel Holz, seine Diener, weil sie zuviel Kerzen verbrauchen. Diese Gunst ist unbegreiflich.«

HEINRICH
Erklären Sie sich, Major!

KAPHENGST
Kein Preis – für niemanden – ist hoch genug, die Liebe eines alten Mannes zu ertragen. Es war Ihre Bereitschaft, sich ausnutzen zu lassen, was ich am meisten an Ihnen geschätzt habe.

HEINRICH
nach einer Pause

Ich danke Ihnen, Major. Seien Sie so freundlich und wiederholen Sie Rezitativ und Arie des Thoas. Und mit mehr Ausdruck, Kaphengst, mehr Ausdruck!

KAPHENGST
Zu Ihren Diensten, Prinz.

Prinz Heinrich erhebt sich.

Rezitativ Thoas / Iphigenie

THOAS
Auf jeden Schritt folgt mir nur Unheil nach.
Von der Verzweiflung Ruf erhallet dies Gewölbe.

zu Iphigenie
Zerstreue, Priesterin, des Thoas bange Furcht.
Du kennst der Götter Wink,
dein Flehn wird sie versöhnen.

IPHIGENIE
Der Himmel ist, weh dir, bei meinem Flehen taub.

THOAS
Wie bittre Ahnung mir das Innerste durchwühlet,
Der Boden unter mir stürzt ein und tut sich auf,
Und schon verschlingt der Hölle Rachen mich.
»Zittre, schon nahet sich der Rächer!«
Schon rauschet voller Grimm der Rache Donner her,
Schon überschwebt er mich Verbrecher!

LEHNDORFF
Mein Prinz, ein Brief von seiner Majestät, dem König.

HEINRICH
Das hat Zeit. Ich bin beschäftigt mit meiner Vergangenheit
und möchte dabei nicht gestört sein.

Die Darsteller erstarren wieder.

Graf Charles von Artois! Ist einer der Brüder Ludwigs
XVI., des unglücklichen Königs der Franzosen, welcher in
zehn Jahren durch die Revolution enthauptet werden soll.
Der Graf von Artois ist gleich mir der erste Prinz im Staate.

Der Graf tritt ins Licht.

Ein junger Mensch, ein begabter Sänger und begabter
Freund. Noch unbekümmert und mit Lust an der tragi-
schen Kunst. Greifen wir den Ereignissen voraus: Er wird
kurz nach Ausbruch der Revolution mit seinem Hof,
Madame de Polignac, ihrer Tochter Diane und dem Be-
fehlshaber der Schweizer Garde in die Schweiz flüchten.
Sie sind die Vorhut der vielen französischen Emigranten,
die bald an allen Höfen Europas um Asyl und Unterstüt-
zung im Kampf gegen die Aufständischen im eigenen Lan-
de bitten. Ich gerate in einen Zwiespalt: Ich möchte mich

gerne für die einsetzen, deren Gastfreundschaft ich selbst in Frankreich so üppig genossen habe, kann mich andererseits mit ihren Zielen nicht einverstanden erklären. Ich bin überzeugt, dass eine Einmischung von außen Frankreich in den Bürgerkrieg treibt, die Lage des Königs verschlechtert und alle Hoffnungen auf eine konstitutionelle Monarchie zerstört. Ich setze mich beim König für die Bitte des Grafen ein, ihm 400.000 Taler zu leihen, warne andererseits davor, den Gesuchen der Emigranten allzu willig stattzugeben. Der Graf wird schlussendlich – nachdem die Franzosen auch Napoleon durchlitten haben – König Charles X. von Frankreich. Aber darüber wissen Sie mehr als ich. Graf, ich bedanke mich bei Ihnen.

Der Graf tritt zurück.

LEHNDORFF
Verehrter Prinz Heinrich, wir müssen die Probe leider beenden.

HEINRICH
Wohl, Lehndorff, wohl.

Eine Pause. Dann zum Publikum:

Wissen Sie übrigens, dass auch ich in späteren Jahren beinahe doch noch als König in die Geschichte eingegangen wäre? General Friedrich Wilhelm von Steuben, Exerziermeister der Amerikanischen Armee im Unabhängigkeitskrieg, schreibt mir einen Brief aus den Vereinigten Staaten. Er deutet seine Bestrebungen an, statt der republikanischen Verfassung eine andere, nach dem englischen Vorbild, zu schaffen – und fragt mich, ob ich in einem solchen Falle bereit wäre, das Amt des Königs zu übernehmen. Stellen Sie sich das Bild in Ihren Geschichtsbüchern vor: ein kinderloser, alter Mann, behängt mit längst aus der Mode gekommenen Ketten und Ringen, zusammengehalten nur

noch von den Spinnenweben vergangener Jahrhunderte
und darunter der Titel: »Heinrich, König von Amerika.«
Ich danke von Herzen, dass mir diese Lächerlichkeit er-
spart blieb! Und bei Gott, ich bin lieber in meinem Sessel
in Rheinsberg gestorben als auf einem Schlachtfeld in den
Rocky Mountains! Am Ende hätte ich mich in einen Indi-
anerhäuptling verliebt, und das wäre nun wirklich vollends
überflüssig gewesen.

Und wer sind Sie?

STEINERT

Steinert tritt hervor.

Steinert, Euer Durchlaucht, der Gärtner!

HEINRICH

Sind Sie auch eine Erfindung?

STEINERT

Nein, Durchlaucht, mich gab es tatsächlich.

HEINRICH

So? Ich erinnere mich nicht. Wie dem auch sei; ich hoffe,
Sie hatten ein glückliches Leben.

Steinert tritt zurück.

Meine Damen und Herren, es scheint, ich sollte mich
verabschieden. Kommen Sie zu mir, wenn Sie unser Gespräch fortsetzen wollen. Sie finden mich im Park hier in
Rheinsberg unter der Pyramide mit der abgebrochenen
Spitze. Als »Symbol für mein unerfülltes Leben«, wie ich
einmal so geistreich bemerkte. Kommen Sie, verweilen Sie.
Schenken Sie mir Ihre Erinnerung. Lassen Sie uns ein bisschen plaudern. Ich werde es Ihnen danken.

Nun denn; lesen wir zum Ende einen weiteren nichtssa-
genden Brief von meinem Bruder. Was wird darin stehen?
Eine Entschuldigung? Glauben Sie das nicht. Friedrich
*ent*schuldigt sich nicht, er *be*schuldigt. »Sie vernachlässigen

Ihre Gesundheit, mein Bruder« ist die harmloseste Methode, mir zu verstehen zu geben, dass er an meinem Betragen etwas nicht billigt. Nein, wollen wir ihm nicht Unrecht tun, er neigt durchaus hin und wieder zu einer im Ansatz freundlichen Sentimentalität, besonders wenn es ihm schlecht geht. Er leidet an Bronchialasthma, Verstopfung und blutenden Hämorrhoiden. Neulich schrieb er mir: »Wenn das Alter unsere Tage verlängert, so nur, um unseren Körper unnennbaren Leiden auszusetzen, die uns den Tod wünschenswerter erscheinen lassen als so ein Leben.«

Ja, er quält sich, der Alte. Fragt sich, wie lange noch? Sein Nachfolger, unser Neffe, der zukünftige Friedrich Wilhelm II. ist eine sehr beschränkte Persönlichkeit. Aber er liebt mich. Meine Hoffnung ist es, durch ihn endlich wirklichen Zugang zu Staatsgeschäften zu erhalten, einigen Einfluss zugunsten Preußens zu bekommen und auch, somit im Alter nicht vollends nutzlos und ungeliebt, ohne jede Bedeutung leben zu müssen. Hat mich Friedrich wirklich geschätzt? Hat sich Friedrich *ein* Mal die Frage gestellt, ob ich ihn wirklich schätze? Kurz vor seinem Tode werde ich an Ferdinand schreiben: »Ich weiß genau, dass ich über den Tod eines sehr bösen Menschen nicht weinen kann, den ich gezwungen war, wie ein Damoklesschwert über meinem Haupte zu ertragen.«
Hören wir also, was er uns zu sagen hat:

»Mein sehr lieber Bruder,
Ich bedauere unendlich, dass ich .. hm hm, hm hm, hm hm ... lässt es meine Gesundheit leider nicht zu ... hm hm, hm hm, hm hm ... ist meine größte Sorge, dass mein Nachfolger, unser Neffe Friedrich Wilhelm nicht in der Lage sein wird ... hm hm, hm hm, hm hm ... Ich würde im Hinblick auf die Interessen unseres Staates ruhig sterben, wenn ich Sie als seinen Tutor einsetzen könnte. Ich sehe in Ihnen den Einzi-

gen, der den Ruhm unseres Hauses erhalten könnte und ein Pfeiler unseres Vaterlandes sein würde. (...) Es wäre ein unverzeihlicher Fehler, wenn ich nicht versuchen würde (...) einen Mann von Ihrer Weisheit an der Regentschaft zu beteiligen (...) Ich denke hierbei nur an das Wohl des Staates und danke Ihnen tausendmal für die Freude, die Sie mir machen, wenn Sie annehmen. Möge der Himmel Sie segnen. Friedrich«

Nun, Sie werden wissen, was daraus wurde. Ich habe es wohl vergessen. Nein, verraten Sie es mir nicht. Lassen Sie mich im Ungewissen. Die Hoffnung ist nach der Liebe die schönste aller Illusionen.
Schultze? – Finale!

ALLE
Versagt war lang uns das Glück,
Nun sind die Götter versöhnet,
Und unsre Hoffnung gekrönet,
Die Fröhlichkeit kehrt zurück!
Alles ist um uns nun helle,
Ruhig ist und sanft die Welle,
Himmel, Erd’ und Meer
Stört diese Ruh’ nicht mehr!

Über den Autor

Frank Matthus wurde 1964 in Berlin geboren. Nach einem Studium an der Schauspielschule »Ernst Busch« war er als Schauspieler am Berliner Ensemble engagiert. In den 1990-er Jahren spielte er zahlreiche Rollen in Film und Fernsehen, u.a. die Titelrolle in dem lettischen Kinofilm »Der Klavierspieler«. Seit 1991 arbeitet Matthus als freischaffender Regisseur in den Bereichen Schauspiel, Musical und Oper in Deutschland, der Schweiz und Kanada.

Frank Matthus ist Mitbegründer des Theatersommers Netzeband (1996) und der Fontanefestspiele Neuruppin (2010). Von 2015 bis 2018 war er Künstlerischer Direktor der Kammeroper Schloss Rheinsberg. Matthus ist der Region eng verbunden, die er für eine echte Alternative zur urbanen Enge der Großstädte hält.

Er ist Vater von 4 Kindern und lebt mit seiner Familie in Netzeband.

Inhalt